Ullstein

Rainer Jogschies

Make love not war!

Die entspannten Siebziger

Ullstein

Sachbuch
Ullstein Buch Nr. 34961
im Verlag Ullstein GmbH,
Frankfurt/M – Berlin

Originalausgabe

Umschlaggestaltung:
Theodor Bayer-Eynck

Printed in Germany 1992
Lithos: Meisenbach, Riffarth & Co. –
Bruns & Stauff GmbH, Berlin
Gesamtherstellung:
Ebner Ulm
ISBN 3 548 34961 7

Dezember 1992
Gedruckt auf Papier
mit chlorfrei
gebleichtem Zellstoff

Die Deutsche Bibliothek –
CIP-Einheitsaufnahme

Jogschies, Rainer:
Make love not war!: Die entspannten
Siebziger/Rainer Jogschies. –
Orig.-Ausg. – Frankfurt/M; Berlin:
Ullstein, 1992
(Ullstein-Buch; Nr. 34961:
Ullstein-Sachbuch)
ISBN 3-548-34961-7
NE: GT

Dank an die Siebziger und ihre Mitwirkenden, deren Namen mit Rücksicht auf den wohlverdienten Familienfrieden und glückliche Ehen verändert wurden. Jede Ähnlichkeit mit lebenden Personen ist nicht zufällig, aber unwahrscheinlich – sie haben sich aus dem Jahrzehnt im wahrsten Sinne mit Haut und Haar verabschiedet.
Die Fotos stammen aus dem *Privatarchiv* Günter Zint und dem *Sozialdokumentarischen Bildarchiv Pan-Foto* sowie aus zahlreichen privaten Sammlungen.
Dank auch an Detlef Schleicher, der mit aufgehobenen Super-8- und Video-Aufnahmen Einblicke in die Siebziger gewährte.
Mäßiger Dank an *SAT 1* und *RTLplus*, denen Peinlichkeit vor eigener Programmleistung geht, für die wiederholten Wiederholungen des Sex-Schmonsens der siebziger Jahre. Keinen Dank an Erika Berger, die »der Liebe« in den Neunzigern mit Schnacks aus den Siebzigern »eine Chance« geben will.
Denn lieber: Give peace a chance.

Inhalt

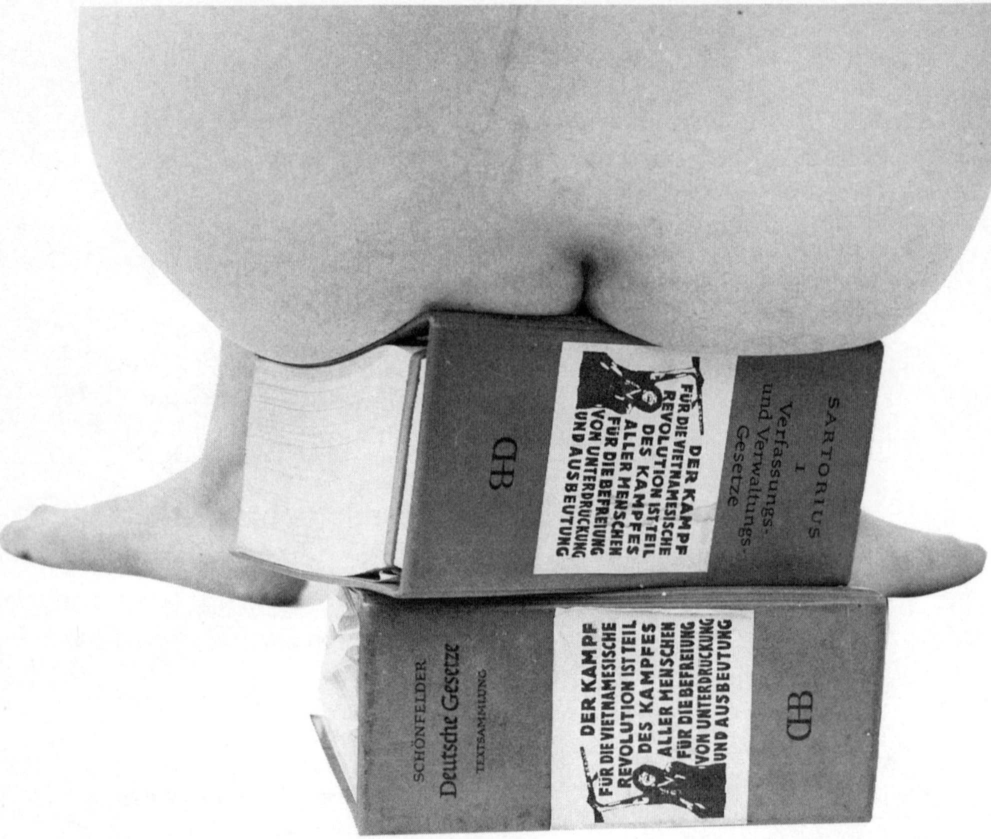
SARTORIUS
I
Verfassungs- und Verwaltungs-Gesetze
DER KAMPF FÜR DIE VIETNAMESISCHE REVOLUTION IST TEIL DES KAMPFES ALLER MENSCHEN FÜR DIE BEFREIUNG VON UNTERDRUCKUNG UND AUSBEUTUNG
SCHÖNFELDER
Deutsche Gesetze
TEXTSAMMLUNG
DER KAMPF FÜR DIE VIETNAMESISCHE REVOLUTION IST TEIL DES KAMPFES ALLER MENSCHEN FÜR DIE BEFREIUNG VON UNTERDRUCKUNG UND AUSBEUTUNG

Bemerkungen zur Belichtungszeit

Eine Einführung in die heimlichen (und unheimlichen) erotischen Fotos der Siebziger

Trampen nach Irgendwo

Die siebziger Jahre zwischen Anarchie und Abwasch, Numerus clausus und Koitus interruptus, Ortsumgehung und Orgasmusproblemen: Ein Déjà-vu

Manchmal überkommt uns das Gefühl, wir müßten die Zeit einfach anhalten können. Es wäre dabei gar nicht wichtig, in Ruhe auf die Dinge schauen zu können und zu verweilen in einem Moment, der wie die Ewigkeit ist.
Die Zeit anhalten. Vielleicht wäre dann gar nichts mehr wichtig. Höchstens: überhaupt einmal befreit zu sein vom Streß einer Gegenwart, die scheinbar immer schneller vergeht.

Doch was dann?
Wie lange würden wir diesen ungewissen Zustand aushalten – wie lang wäre eine Zeit ohne Geschwindigkeit, ohne Richtung, ohne Entwicklung, ja ohne den allgegenwärtigen Fortschritt?

Es kämen wohl bald jene Erinnerungen an frühere Zeiten – die *vor* der großen Raserei: an die Jugend zumal, an die erste Liebe oder das erste Geld vielleicht.
Man wünscht sich eben gerne eine Vergangenheit zurück, die mehr verspricht, als sie hielt.

So eine Zeit sind die siebziger Jahre: eine Zeit, nach der sich viele geradezu zurücksehnen – selbst jene, die sie gar nicht erlebt haben.
Eine Zeit zudem, die angehalten worden zu sein scheint – in der es *ewige* Jugend und *endlose* Liebe gab. No future im gutgemeinten Sinne.

No future?
Gewiß, es gab damals wohl Zukunftspläne.

Am Anfang des Jahrzehnts jedenfalls. Gewichtige zumal: den vom demokratischen Sozialismus, die von der »freien« Liebe und von der Emanzipation.
Und es gab mehr als nur Pläne: Die *außerparlamentarische Opposition* (APO) schickte sich nach den freudlosen Demonstrationsjahren der Sechziger doch an, banal und zäh »den langen Marsch durch die Institutionen« zu unternehmen – oder zumindest den in die kribbelnd konspirativen Kommunistengrüppchen.
Die Frauen wurden selbstbewußtere Opfer der Geschlechterdiskriminierung – zumindest aber als jenes »unbekannte Wesen« (Oswald Kolle) der Sechziger. Sie fochten nun für eine »weibliche Zukunft« und gegen den »kleinen Unterschied« (Alice Schwarzer).
Sex war im vorangegangenen Jahrzehnt endgültig vom gewinnträchtigen Aufklärungsartikel zum billigen Gemeinplatz geworden – nun konnte er endlich ausgeübt werden. Rockmusik und Drogen hatten die Lust an der Lust zudem zur Philosophie gesteigert, wenn nicht gar zur Lebenshaltung*.
Es waren eben Träume: von einer Zeit *nach* den siebziger Jahren.

Niemand hätte sich unter solchen Umständen damals etwas so böse Realistisches vorstellen können wie die Wirklichkeit der Achtziger. Schon gar nicht hätte sich jemand träumen lassen, daß am Ende der Zukunftsbemühungen der Siebziger in den neunziger Jahren ausgerechnet die Sehnsucht nach den Seventies stünde: nach dem langen Marsch vor die Zeit der Institutionen, nach naivem »Love and Peace«, nach Einfachheit. Daß die Politikverdrossenheit noch größer als in den Fünfzigern und Sechzigern sein würde, die Frustration der Frauen über ihr angeblich ganz und gar eigenes »Zusehrlieben« eine noch größere Fessel als die sonstigen Geschlechterschranken.
Und Sex? Ein Fremdwort wie AIDS – gerade für die Auf- und Abgeklärten!
»No future« also im schlimmen Sinne wie es die Kassandras der Siebziger, die Punks, am Ende des Jahrzehnts lautstark befürchteten.

Keine Veränderungen also unterm Strich? Trotz all der Pläne Stillstand in den Seventies? Gewiß, es gab ja Bewegung in den siebziger Jahren.
Zur Genüge. Aber im Ergebnis ungenügend. Es war nicht die große Bewegung in der damaligen Bundesrepublik, sondern die Summe der kleinen und kleinsten »Bewegungen«, die den gerne erinnerten unwiederbringlichen Charme der Siebziger ausmachte: Und wenn es nur die Bürgerinitiativen-, die Frauen-, die Musikerinitiativen-, die Schwulen-, die Lesben- und die Punk-Bewegung waren. Die »neuen sozialen Bewegungen«, wie sie der Hamburger Politologe Joachim Raschke zusammenfaßte.
Oder auch nur die neue soziale Beweglichkeit in den Betten. Sex wurde in der Kritik an der Rollenverhärtung

* Vgl. Jogschies, Wer zweimal mit derselben pennt . . ., Ullstein-Verlag 1991

gesellschaftlicher wahrgenommen als noch in den Sechzigern theoretisch und rhetorisch geahnt. Aber darüber wurde er häufig unwichtig, vergessen, versabbelt.

Die gesellschaftliche Bewegung der siebziger Jahre nehmen wir in ihrer Gesamtheit jedenfalls kaum mehr wahr. Es leuchten lediglich die Splitter einer Glitterzeit.
Weil die Siebziger sich nur um sich selbst gedreht zu haben scheinen? Weil die Träume sich nicht erfüllten, von denen wir heute nicht einmal mehr zu träumen wagen? Weil wir wissen, wie schnöde die Märchen von der ewigen Jugend und die Mythen von der endlosen Liebe der Siebziger endeten? Oder weil wir melancholisch so tun, als könnten wir die Zeit doch irgendwie anhalten, die uns verrinnt – und sei es nur im Rückblick?

Manchmal überkommt uns eben das Gefühl, wir müßten uns wenn nicht die Zeit, so doch mindestens die Vergangenheit nehmen – und verweilen für einen Moment, den wir mithin zur einzigartigen Ewigkeit verklären. Das Gefühl, scheinbar einmal befreit zu sein vom Streß einer gnadenlosen Gegenwart, das gnädige »Es war einmal . . .« der blutjungen Märchen vom Gestern reizt. Doch wie leer ist unsere Erinnerung!
Das Gefühl, scheinbar einmal befriedigt zu sein trotz einer lustlosen Allgegenwärtigkeit, das artige »Mache alles mit . . .« der blutjungen Mädchen aus dem Gestern lockt. Wie voll ist heute der Bildschirm der ach so »privaten« Sendeanstalten von Sexfilmchen der Siebziger.

Schon blinzelt uns die Vergangenheit heute in der U-Bahn zu!
Ein Backfisch lächelt verklärt, das wangenrote Gesicht von Engelslöckchen eingerahmt, die verwaschenen Blue Jeans am Knie und unterm Gesäß zerfetzt, den breiten Ledergürtel auf Hüfthöhe zur Bändigung des Babyspecks eng geschnallt, das weiße knöpfbare Leibchen über die knospenden Brüste geschnürt.

»Echt piessich, du,« sagt die Kleine zu ihrer brünetten, langhaarigen Freundin mit schwarzen Schlaghosen und ärmellosem schwarzem Rolli. »Total piessich.« Sie trägt an einer grobgliedrigen Kette stolz das Peace-Zeichen der frühen Friedensbewegung, das sie im Keller des elterlichen Reihenhauses gefunden hat.
Und einen Karton mit Blusen konnte sie sicherstellen: »So irgendwie Indien-Look und süße Hippie-Fetzen mit Blümchen.«

Die beiden sind vielleicht knapp sechzehn – geboren zu einer Zeit, als die Siebziger sich in sich selbst zu verrennen schienen, als sich vermeintlich Stillstand ankündigte.
Wir überlegen, ob wir den Zeitläufen ein Schnippchen schlagen und den beiden quieklebendigen Museumsstückchen sagen sollen: Macht Platz für uns Erwachsene, haut ab, ihr seid im falschen Film! Dann nähmen wir die Fernbedienung und würden sie fortzappen. Wenn wir nur nicht so faszi-

niert davon wären, daß unsere Vergangenheit leibhaftig vor uns steht. Wenn wir nur nicht das verdammte Gefühl hätten, wir könnten die Zeit doch noch anhalten – wenigstens für ein Jahrzehnt, das wir geliebt haben, weil es »unseres« zu sein schien.

Manchmal überkommen uns Gefühle. Da hält man besser an – wenn nicht die Zeit, so doch unsere Erinnerung.

»Piessich«, sagt die Blonde noch einmal und sieht aus, als wolle sie abends einen Schlafsack schnüren und nach Woodstock oder Fehmarn trampen.
Wir aber prüfen, ob die Metallbürste noch wie ein Igel die kleine Außentasche unserer engen, verwaschenen Levis-Jacke ausbeult – der schwarze Hartplastikgriff herausragend wie ein Ziertuch. Oder ob der stählerne Toupierkamm am Arsch aus der knackengen, kackbraunen Cordhose hervorsticht. Wie damals.
Nein, wir sind beruhigt. Wir tragen noch das leichte Leinen-Jackett mit der Credit- und der Telefoncard in Herzhöhe, die Diesel-Jeans hüllen sich gepflegt um die geshapten Hüften. Wir wissen es eben besser: Man kann die Zeit nicht anhalten.

Und doch schauen wir zurück: auf die Siebziger, die nun vor uns stehen, weil wir sie nie hinter uns gelassen haben. Sie sind uns verwandter als unsere Doppelnamen-Hälfte und doch fremder als die allgemeinen Kreditrahmenbedingungen der Ortssparkasse.
Was für ein Tag – was für ein Jahrzehnt! Was für ein Leben!?

Liebe und Frieden, Love and Peace, *Make Love – Not War!* – was waren das doch für Mantren für Melancholische!
Allein der Klang ist besser als: Geld und Karriere, *Sex, Lies and Video* und »Anything Goes«, diesen achtlosen Axiomen der Achtziger. Wenn einer unbedingt das Leben als solches in Worte fassen wollte, dann findet er in den siebziger Jahren einen reichen Vokabelschatz. Die Achtziger sind besser für Grabreden.

Ein junger Mann von der Spurensicherungsgruppe Neunzehnsiebzig ist in den Zug eingestiegen, grüßt mit gespreiztem Zeige- und Mittelfinger, dem »Victory«-Zeichen der US-amerikanischen Bürgerrechtsbewegung der Siebziger, und einem genölten »Peace!« und steht nun laut lachend bei den verkleideten Hippie-Mädchen. Er trägt die alten Jeans mit den ungezählten, lieblos eingehefteten Flicken aus anderem Stoff, seine Haare hängen lang über die Schultern, und er ist – als wäre das nicht schon Provokation genug in unserer edlen Zeit – auch noch pickelig. Wie damals, als es noch keine Pflicht zu Designer-Mode, Akne-Rollern und getrimmtem Pferdeschwanz gab!
Die drei lachen über uns, die wir starren, als wären wir dem Gottseibeiuns begegnet oder dem Kontro beim Schwarzfahren.
Das gab es doch alles schon mal, das kommt doch nie wieder, brummeln wir beim Aussteigen. Der Zug fährt weiter – ohne uns. War da was? War da wer? Waren wir das? Wer waren wir?

Zum Glück hat Richie immer noch Kontakte zur »Hasch-Szene«. Er wird uns locker ein »Rohr bauen«, einen Joint drehen, und wir können uns gemeinsam beschwingt dem Nebel der Erinnerung hingeben. Oder trinken wir doch lieber drei, vier Light-Bier? Nein, lieber »eine volle Dröhnung Bier«, wie damals. Denn klarsehen – das wollten wir schon damals nicht.

Klarsehen?
»Durchblicken«, wie das damals hieß. Am besten: »voll durchblicken«, »alles checken«, wie es bei jeder passenden und unpassenden Gelegenheit genuschelt wurde?
Auch wenn »der Anspruch« also da war, sich »das mal reinzutun« – es gab einfach zu viele Eindrücke, zu viele Reize – zu vieles, was die Sinne auf Touren brachte, ins Trampen nach Irgendwo. Zu viele kluge Ausreden und unternehmungslustige Umwege. Zu viele Debatten in Wohngemeinschaftsküchen um Anarchie und Abwasch, zu viele Vollversammlungen in der Uni über Numerus clausus und Koitus interruptus, zu viele Aktionstreffen im Stadtteilzentrum zur Ortsumgehung und Orgasmusproblemen.

Jede Mitfahrgelegenheit nahmen die Siebziger wahr, es gab keinen Zug, auf den nicht aufgesprungen und wie selbstverständlich schwarzgefahren wurde. Zu bunt waren die Muster vor unseren Augen, zu grau war unsere Phantasie.

Zuhause blättern wir im Fotoalbum. Was sind das alles für fremde Gesichter, die entweder beständig grinsen oder tiefgründelnd ins Unendliche schweifen – was sind das für Orte, die aussehen wie die DDR gleich nach der Wende? Ist das etwa der Johannes? Der da, mit der Gitarre auf dem Schoß und diesen leggingsartigen Jeans, dem verklärten Lächeln und den Wallelocken, ein romantischer Minnesänger? Ist ja lächerlich. *Der* Johannes, der jetzt geschoren und mißmutig von »seiner« Abteilung bei der Versicherungsmakelei kündet? Oder ist etwa das nun lächerlich?
Dann fallen uns plötzlich ein Titelbild aus der *Das da* und zwei Ausrisse aus der *Neuen Revue* in die Hände. Ach ja, das ist ja Katharina – nackt auf einem Pferd! Blond, langmähnig, trotzig – wie Lady Godiva. Das da, ja doch, ja wirklich: Katharina, die sich gegen Ende des Jahrzehnts dem Feminismus zuwandte und in den Achtzigern ins Wassermann-Zeitalter entschwand! Und das sind Gundula und Gertraut, von denen wir Jahre zuvor im Konfirmanden-Unterricht tuschelnd schwärmten! Gundula posiert für einen »Strip vor dem Spiegel« – inzwischen soll sie an Drogen gestorben sein. Gertraut macht einen »Strip mit dem Herzbuben«. Was wohl aus ihr geworden ist?

Wir haben die Zeitungsausrisse damals hin und her gereicht – »unter uns Männern« mit Pflaumenbart. Solche »blöden Blätter« wie die Links-Postille *Das da* und die konservative *Neue Revue* hätte man sonst »selbstverständlich nie« angefaßt, geschweige denn gekauft. Aber Mädchen aus der Nach-

barschaft nackt! Freundinnen von Freunden – das war eine Sensation! Als habe es die »sexuelle Revolution« der Sechziger nicht gegeben, als wäre nicht auf Open-Air-Konzerten gelegentlich traute FKK-Atmosphäre aufgekommen.

Es gab Stirnrunzeln: Warum macht die das? Das ist ja eklig. Und es gab unterkühltes Bewundern, auch bei den Frauen, die die Bildchen gesehen hatten: Die traut sich aber! Am häufigsten war aber zu hören, was uns nicht von allen anderen Männern unterschied – nicht von denen der miefigen Fünfziger* noch von denen der sexversessenen Sechziger, schon gar nicht von den Money-Machos der Achtziger: »Mit der möcht' ich mal!«

Wie oft hatten wir feuchte Träume, daß es endlich mal zu love and peace mit Gertraud und Gundula käme, wenn wir nachts vor dem erregten Kneipengeschnatter über »Sieg im Volkskrieg« und »Stadtguerilla« die Ohren voll hatten, den unüberhörbar lauten Stammtisch-Kriegsspielen der Möchtegern-Revolutionäre – die im übermäßigen Alkohol noch größere Männer wurden, als ihre Frauen längst befürchteten.

Das war 1977! Gertraud und Gundula, love and peace, Che und Mao, Bier und Springer-Urvater. In dem Jahr, als auch die deutsche Frauenbewegung allmählich Konturen annahm, als die damalige Bundesrepublik bürgerkriegsähnliche Polizeieinsätze vor sich hatte, als das hüftschwingende Idol der Fünfziger, Elvis »the Pelvis« Presley, verfettet und von Drogen und Sexgier verbraucht, starb, als der geachtete Arbeitgeberpräsident und frühere NS-Mann Hans-Martin Schleyer von der selbsternannten *Roten Armee Fraktion* »hingerichtet« wurde – kurz: als die Träume vom Anfang des Jahrzehnts verflogen, an die wir uns viel lieber erinnern.

Vielleicht war das ganze Jahrzehnt auch nur ein Traum. Ein Titelbild für eine neue Republik vielleicht? Ein tödlicher Strip vor dem Spiegel und ein Spiel mit lauter Herzbuben? Wer will es wissen, der dabei gewesen ist? Wer soll es sagen, der es gerne gewesen wäre?

Wir blättern im Album weiter. Aber längst sind wir bei den Bildern, die wir noch im Kopf haben.

* Vgl. Jogschies, Blick zurück durchs Schlüsselloch – Die entfesselten Fünfziger, Ullstein 1990

»Mache alles mit«

Kinoträume der Siebziger als sozialkritischer Realismus: Was von der »sexuellen Revolution« der Sechziger hängenblieb

Da waren vor allem die vielen bewegten Bilder.
Sie laufen uns in der Erinnerung weg wie Sand in der Uhr. Nicht weil sie so schnell waren und so flüchtig wie diejenigen in den achtziger Jahren. Es fällt einfach schwerer, sich genau an sie zu erinnern. Nicht weil es länger her ist. Nicht weil sie uns nicht mehr in der U-Bahn oder sonstwo begegnen. Wir treffen auch sie, aber sie faszinieren nicht. Im Gegenteil.

Wir blättern zurück in die Siebziger: Da *waren* jedenfalls noch Träume – nicht nur Alpträume wie im folgenden Jahrzehnt. Träume, wie man sie sonst schlecht fassen kann – außer als Filmträume, wie zu allen Zeiten, seit es Kino gab.
Aber sie waren in den siebziger Jahren irgendwie anders, sobald man genauer hinsah: Sie wollten gar keine Träume sein. Sie wollten enthüllen, was sich sonst nur die Phantasie vorstellt – schonungslos zeigen, was sonst nie zu sehen war. Sie wollten die Wirklichkeit zeigen, unverstellt von fadenscheiniger Moral, falschen Gefühlen und brüchigem Glück. Kino sollte aufklären!

Es war eine neue Vorstellung vom und im Kino, die schon in den sechziger Jahren geboren war – aus dem Schweigen der Alten und aus der Starre der Gesellschaft. Nun lernten die Bilder laufen, statt fortzulaufen. Sie bewegten, wo sie vorher nur eine Aneinanderreihung von Klischees gewesen waren.
Der noch junge Autorenfilm ersetzte

nicht das gesellschaftliche Reden – er sollte es erst provozieren. Rainer Werner Fassbinders gutdeutsche Übertragung der Douglas Sirkschen Hollywood-Melodramen aus den Fünfzigern erzählten beispielsweise mit mäßiger nationaler Beachtung einfache Geschichten von Sehnsüchten – dem Ringen um Liebe und Sexualität, das nicht selten gewalttätig endete. *Wildwechsel* machte 1972 den späteren *Bild*-Kolumnisten und DKP-Anhänger Franz Xaver Kroetz bekannt, das *Faustrecht der Freiheit* erstmals die brutalen Probleme der Homosexuellen.

Doch die Provokation mußte scheitern: Wen faszinierten schon auf Dauer Bilder, die gerade so geheimnisvoll waren wie der Alltag, wenn man sich doch gerade vor diesem ins Dunkel verkriechen wollte?

Gleichwohl verbuchte die Kinobranche steigende Umsätze. Es gab Kinogänger, die – im Gegenteil – aus sich herauskommen wollten, wenn sie Bilder aus einem geheimnisvollen Alltag sahen, der nicht der ihre war. Bilder, so unerhört geheimnisvoll, daß sie manchmal mit dem Hinweis »Nur für Erwachsene« angekündigt wurden.

Und merkwürdig: Sie schienen auch nur »Erwachsene« zu interessieren.

Uns Jugendliche reizte jedenfalls nicht, was *Jugendliche Ausreißerinnen in München* anfingen, was »Hausfrauen« oder »Schulmädchen« so trieben.

Wir wußten das alles. Es waren unsere Bekannten, Mütter und Klassenkameradinnen.

Aber wenigstens für die Erwachsenen gab es nun wohlfeilen und wohlgeilen Aufklärungsunterricht: in zahllosen lehrreichen »Reports« – Nachhilfestunden im Dunkeln, mit ebenso dunkler Moral, schön falschen Gefühlen und geilem Glück.

Irgendwie ahnten wir es: Kino der Siebziger klärte über Sex auf wie die Kripo über Halbstarke in den Filmen der fünfziger Jahre. Da hing die Zunge aus der Hose – da waren die Zeugen gleich die Täter.

Die Vorstadtkinos, in denen wir unsere Kindheit noch mit Walt Disney und Godzilla juchzend und jubelnd verbracht hatten, verfielen darüber – äußerlich wie innerlich. Programmwechsel. Das bißchen Fassbinder ab und an interessierte uns nicht sehr. Der Putz blätterte, und die fette Kassiererin war mürrischer denn je.

Wen wollte es wundern. An den Kassen huschten immer öfter Gestalten vorbei ins Dunkle, als seien sie auf der Flucht. Die kauften keine Gummibärchen und keine Cola extra! Vielleicht waren sie ja auch auf der Flucht: vor sich, vor uns – wer weiß.

Wir feixten jedenfalls draußen, wenn wir mit Mofas am Platz vor dem Kino herumlungerten, uns gegenseitig die Zigaretten wegschnorrten und am Flaschenbier nippten: »Diese verklemmten Spießer! Zuhause keinen hochkriegen, aber hier wenigstens den Mantelkragen.«

Wie Exhibitionisten sahen sie aus, die »raincoat people«, wie sie in den noch

prüderen USA schon frühzeitig hießen – jedenfalls soweit wir sie von hinten überhaupt sahen. Und dabei verfolgte sie wohl der gegenteilige Wahn: der nackte Voyeurismus, das unbefriedigte Zusehen als Befriedigung.
Sie sahen sich im Kino »Jugend« an, die ihnen auf der Straße und Zuhause lästig war – wie allen Generationen zuvor. Aber aus den »Halbstarken« der fünfziger Jahre und den »Wilden« der Sechziger waren inzwischen »Frühreife« geworden.

Es war wie in den beiden Jahrzehnten zuvor. Die nackten Tatsachen – wenn sie wortwörtlich bloßlagen – wollten die Kinogänger dieser Jahre selbst dann nicht wahrhaben, wenn sie sie sahen. Längst hatten sie jeden Kontakt mit der Wirklichkeit der Straße verloren. Aus dem Verschweigen der fünfziger Jahre und dem Schweigen der Sechziger war das blinde Sehen der Siebziger geworden. Sie sahen sich Wesen an, die weniger real waren als Micky Mouse oder japanische Monster: eine Jugend, die wenn schon nicht gehorsam, so doch willig war. Zu allem bereit, wie Generationen zuvor – doch diesmal nicht für Krieg, sondern für Liebe, die wie Krieg war. Love made by war.
Aus der »revolutionären« Forderung der Sechziger »Sex in die Öffentlichkeit« war das Gegenteil geworden: kein Sex – und dessen Ersatz auch noch im Verborgenen.

Und wir standen also in der Gegend herum – ohne auch nur von dieser Mondseite des Lebens zu ahnen. Standen beliebig herum, als wollten wir damit geradewegs und sowieso »spontan« eine ab Mitte des Jahrzehnts verklärte, kleine »alternative Öffentlichkeit« bilden.
So palaverten wir, an Wände gelehnt, über Gott und die Welt, über pubertären Sex und uns – ohne die »kommunikative Kompetenz« auch nur zu erahnen, die der Politologe Jürgen Habermas als Grundlage für den »gesellschaftlichen Diskurs« und damit für die demokratische Reform der verkrusteten Machtverhältnisse entdeckt hatte. Ganz die soziologische Unschuld! Ein bißchen randgrüppelnd. Aber irgendwie »original!«, wie wir zu sagen pflegten.
Dabei bekamen wir dann noch weniger mit, was für eine Alternative jene heimliche Öffentlichkeit das Kino in uns da draußen vor der Tür sah – wer das eigentlich war, der da in der ersten Hälfte der Siebziger mit unkommunikativer Potenz in die Kinos schlich. Sonst wären wir wohl sprachlos geworden.
Wir waren vielleicht doch zu überheblich in unserer naiven Jugendlichkeit. Wir dachten: Wie krank mußten diese Brüder sein, die sich 1972 den *Krankenschwestern-Report* ansahen? Wir fragten uns: Wer war 1973 so »abgefahren«, daß er *Urlaubsgrüße aus dem Unterhöschen* versenden wollte? Wo mußte es jemand kratzen, der sich 1974 auf Zelluloid die Weisung erteilen ließ: *Wenn's juckt, wird gejodelt?*
Wir standen bloß da und lachten.

Erst heute, da die meisten von uns Eltern sind, sehen wir das anders – nämlich selber: Jeden Samstag zeigen uns die peinlich »privaten« Programme, was Hunterttausende von »Erwachsenen« in den Siebzigern am liebsten mit Jugendlichen gemacht hätten: Die *Frühreifen Betthäschen* (1972) befummelt oder die *Geheimen Lüste blutjunger Mädchen* (1979) schamlos ausgenutzt.
Mit dem Strafgesetzbuch gesprochen: Minderjährige verführt, mißbraucht, vergewaltigt. *Wir* waren Opfer von (sexuellen) Phantasien, ohne es zu wissen – anders als in der Politik, wo die Gewaltphantasien gegen eine aufmüpfige Jugend zum Ende des Jahrzehnts hemmungslos ausgelebt wurden.

War in den Sechzigern der Samstag noch der heilen Familienunterhaltung vorbehalten, so zeigen in den Neunzigern nun die »alten Männer« – die wir damals nur belachten – in ihren ganz privaten Programmdirektionen, daß sie den altherrischen Filmemachern, den altdeutschen Produzenten und altbackenen Schauspielern wie Sascha Hehn *(Schüler-Report – Junge, Junge, was die Mädchen alles von uns wissen wollen* [1971], *Nackt und heiß auf Mykonos* [1978]) nostalgisch noch die Stange halten. Sie lassen endlich die eigenen Hosen runter, nicht im Kinodunkel, sondern vor den Fernsehschirmen der Nation. Für solch eine Programm-»Freiheit« haben Unionschristen schließlich jahrelang gerungen – auch wenn nun fast nur gejodelt wird. Wen juckt's schon? Den Kommunikationskumpel gewiß nicht. Wenn's doch der privaten Aufklärung der heutigen Erwachsenen dient. Jenen, die damals noch dank des christlich abendländischen »Jugendschutzes«, der »Freiwilligen Selbstkontrolle der Filmwirtschaft«, von den Phantasien ihrer Eltern, Opas und Omas, Onkels und Tanten und der lieben Nachbarn – wenn nicht *im,* so doch *vom* Film – »kindlich« unberührt waren.

Da wollen heutzutage sogar die von den Parteien gegängelten öffentlich-rechtlichen Rundfunkanstalten nicht nachstehen: Die dritten Fernseh-Programme – in den Siebzigern allein der »Bildung« vorbehalten – entblöden sich in den Neunzigern nicht, sonntäglich *Klimbim* zu zeigen, eine Klamotten-Show der Siebziger mit viel Nuditäten, in der sich die frühen Film-»Sex-Stars« und späteren Fernseh-»Ulk-Nudeln« Ingrid Steeger und Elisabeth Volkmann (u. a. *Massagesalon junger Mädchen,* 1972) von den Frühreifen nahtlos zum Altenteil vordilettierten, vom Trieb zum Sendebetrieb.

Es waren allerdings wohl mehr als bloße Phantasien im Kino zu sehen. Weil das Pornographieverbot erst im Juni 1974 fiel, gaben sich die Sexstreifen der Siebziger partout und pardautz sozialkritisch: Sie spiegelten – wenn auch verzerrt –, was nach der »sexuellen Revolution« bei denen, die sie nötig hatten, in jeder Hinsicht hängengeblieben war.

Beispielsweise im *Frühreifen-Report* war ungeniert zu sehen, was wohl so oder ähnlich leider bis heute noch hunderttausendfacher deutscher Alltag ist: Eine alleinerziehende Mutter kommt nicht mehr mit ihrem Kind »zurecht« und ruft den Hausfreund fürs »Hinternvollhauen« des entblößten kindlichen Pos herbei. Der nimmt sich die schmächtige Kleine genüßlich vor. Die Mutter ist bei den Prügeln angenehm erregt, nachdem ihr vorangegangenes Liebesspiel mit dem groben Mann öd war.

Es wird fortan zur lieben Gewohnheit, das Mädchen Birgit nackt zu schlagen, bevor die Erwachsenen miteinander umso intensiver in den Clinch gehen. Bis eines Tages der Schläger mehr will: Er »vergeht« sich am Kind – während die Mutter in der Küche noch lauschend bedenkt, daß sie ihren Geliebten nun »in der Hand« habe.

Was daran »frühreif« sein soll, wenn ein Kind vergewaltigt wird, ist noch fragwürdiger als die gesamte dürftige Dramaturgie des Films.

Wir sehen es zwanzig Jahre später und verstehen die Welt ein wenig mehr: Da sind wir inmitten von Generationen aufgewachsen, für die das Schlagen und Erniedrigen lust- wie leidvoll verknüpft war mit angeblicher Liebe, mit schlagfertiger Erziehung.

Sex brauchte drehbuchgerecht die verschwiegene Stimulanz einer variantenreichen Seelenqual, die damals im Film so ausgiebig ausgestellt wurde.

Der gestandene Mann im *Frühreifen-Report,* der Groß wie Klein »befriedigt«, bleibt in der hanebüchenen

Handlung allerdings ein eigenartiges erotisches Opfer: Er wollte schon nicht recht mit der schlampigen Mutter schlafen; als deren Kind nach einem Blick durchs Schlüsselloch ins elterliche Schlafzimmer sogleich – »frühreif«? – ans Onanieren ging, wollte *er* sie nicht sofort züchtigen; und als *er* der Kleinen mehr als väterliche Liebe entgegenbrachte, erpreßt ihn die Mutter zu Sex und Abhängigkeit.

Was wiederum an diesem »Schicksal« denn »*Soft*-Sex« – so das Kino-Marken-Etikett – sein sollte, blieb im Kino-Dunkeln wie der weitere fiktive Weg der kleinen Birgit – vielleicht ein auch nicht gerade kindsfroher Weg, wie er beispielhaft die 13 Teile der *Schulmädchen-Reports* hindurch phantasmagoriert wurde.
Der *Frühreifen-Report* war nämlich keineswegs ein isolierter, gar abseitiger Einzelfall der Kinophantasien der Siebziger, seine Zuschauer waren durchaus keine kleine Minderheit: Die *Schulmädchen-Reports,* 1970 von Günter Hunold kreiert, hatten beispielsweise 1972 bereits vier Folgen – die ersten drei sahen laut Eigenwerbung »allein dreißig Millionen Zuschauer« in »28 Ländern – ein Welterfolg«.
In den ersten zweieinhalb Jahren wurde mit sechs Folgen sechzig Millionen Mark an deutschen Kassen erlöst, drei Millionen kamen an Exporterlösen hinzu.
Es wurde mit insgesamt hundert Millionen Besuchern die kommerziell erfolgreichste deutsche Kino-Serie. Da waren – Kulturnation Deutschland – drei »Goldene Leinwände« für die Aufklärungsschwerstarbeit fällig.

In der damaligen Bundesrepublik sorgte sie jedenfalls für einen kurzzeitigen Kino-Boom, wie in den Sechzigern schon die Paukerfilme. 1972 waren von den 57 ausschließlich deutsch produzierten Filmen 28 Sex-Streifen, 1973 waren es 39 von 72 Stück.

Ein junger Mann, Typ Realschullehrer, ließ die Kino-Besucher bei der Folge *Was Eltern oft verzweifeln läßt* 1972 nicht im dunkeln über die besondere Qualität dieser neuen Generation von Schulfilmen:

»Kaum ein Film wurde so angegriffen
wie jeder einzelne dieser Serie. Dabei
sind fast alle gezeigten Szenen
statistischen Unterlagen entnommen.
Das Leben schreibt nun einmal die
interessantesten Drehbücher.
Natürlich wollen wir nicht behaupten,
daß sich alle Schulmädchen so
verhalten, wie wir es Ihnen zeigen.
Aber es wäre auch unsinnig,
vor Tatsachen die Augen zu verschließen.«

Die nackten Tatsachen gingen wahrlich voll ins Auge.
Es gäbe eine »Vielfalt der Probleme zwischen Rassen und Völkern, mit denen selbst die klügsten Politiker nicht fertig geworden sind«, kündigte ein Sprecher in *Schulmädchen-Report IV* eine Szenenfolge ab, in der angebliche »Schüler« mit der Vielfalt problemlos fertig werden: Drei »Jungen« vergewaltigen darin eine schwarze

»Mitschülerin«, die von eifersüchtigen »Klassenkameradinnen« in die Falle gelockt, entkleidet und festgehalten wurde.
»In aller Deutlichkeit« habe man dies zeigen *müssen,* betont der Sprecher hernach, als die geschundene Carolin doch noch ihren edlen Hans (»Du kommst drüber weg. Es sind nicht alle so.«) für die weitere Völkerverständigung (»Du meinst es gut mit mir, Hans!«) gefunden hat.
Die Untertitel der Reports versprachen trotz solch fortschreitender Aufklärung beständig neuerlich Unerhörtes: *Was Eltern nicht mal ahnen* (Teil 3), *Was Eltern nie erfahren dürfen* (Teil 8), *Irgendwann fängt jede an* (Teil 10) oder *Junge Mädchen brauchen Liebe* (Teil 12).

Als habe es in den sechziger Jahren keine Renaissance der Schriften Sigmund Freuds und Wilhelm Reichs gegeben, »erklärten« die statistischen »Tatsachen« in den »Reports« die ausführlich gezeigte Promiskuität der Filmjugend und die kaum zu sättigende Willigkeit der jungen Frauen pseudo-psychologisch so: Eine obskure »Begier nach Selbstbestätigung« wurde als starkes Motiv im *Schulmädchen-Report* ausgemacht, aber auch »Kaufrausch« sowie »unzumutbare Wohnverhältnisse« als Ursache für Inzest.

Wer's glaubt, wurde selig – zumindest in seinen erotischen Phantasien. Die heile Welt der sechziger Jahre war in den Siebzigern unversehens und hinsehens eine geile Welt geworden: Die *Lümmel aus der ersten Bank*-Lustspiele der Sechziger waren vergessen angesichts der Wollustspiele mit ganz anderen Lümmeln.

Der »Wortwitz« darin war mehr Nach- als Vorspiel der sexuellen Befreiung: »Schade, daß *so was* schwul ist,« sagt da ein »lüsternes« Mädchen über einen Mann – »den« würde sie sich schon »umerziehen«, antwortet die andere im achten *Schulmädchen-Report,* die das Wort »umerziehen« wohl noch zu gut von Zuhause kennt.
»Zur Brust nehmen« wollen sich die munteren Mager-Mädel einen Jungen. Dabei gackern sie auf dem Weg ins Schullandheim wie die Hühner, so daß der umschwärmte Lehrer zur Ordnung rufen muß: »Ruhe, wir sind doch nicht bei einer Demonstration hier.«

Die von der Studentenbewegung Ende der sechziger Jahre kaum begonnene Debatte über die zwiespältige Moral und den fortdauernden Mief der fünfziger Jahre, die »Politisierung« der Sexualität – alles war Anfang der siebziger Jahre oberflächlich benutzbar für eine gleichwohl nicht minder tabuvolle Vermarktung erotischer Wünsche.

Da hatte ein »Schulmädchen« beispielsweise plötzlich schlimme trokkene Träume, weil sie immer so schön feucht träumte. Unter einem Anti-Vietnamkriegsposter wälzt sie sich – halb ekstatisch, halb im Alp. Ihre »sündigen« Gedanken werden ihr im Traum nicht vom Beichtvater, sondern gleich von einem Exekutionskommando

ausgetrieben. Die Gewehre sind schon stramm auf die Verdorbene gerichtet. Doch – Kraft der traumhaften Eingebung – muß sich zu guter Letzt stellvertretend eine Nonne »abschießen« lassen von den Schuldkomplex-Soldaten. Die katholische Inquisition marschiert in den Siebzigern wieder – wie die Reichswehr.
Die Schülerin erwacht, er- und gelöst, sinnenfroh unter einem Poster, das wie kein zweites den Gefühlsnotstand der Siebziger zeigt: Eine geschminkte Nonne macht sich darauf gerade dekorativ und kokett an ihren Strapsen zu schaffen.
So hätte es der Vater unser wohl gern gehabt. So kriegte es der Jugendliche der achtziger Jahre in Gestalt Madonnas.
Es sei viel leichter, merkte Karl Marx in *Das Kapital* zur Glaubenskritik an,

»den irdischen Kern der religiösen Nebelbildung zu finden, als umgekehrt aus den jedesmaligen wirklichen Lebensverhältnissen ihre verhimmelten Formen zu entwickeln.«

Marx überblickte die damals noch junge Medienbranche und ihre phantastischen Entwicklungsmöglichkeiten zu schlecht, obwohl er Journalist war. Er behauptete weiter:

»Die letztere ist die einzig materialistische und daher wissenschaftliche Methode.«

Wie sollte er auch wissen, daß sich eines Tages die Filmbranche beim Schreiben schmieriger Drehbücher gar auf wissenschaftliche Methoden berufen und damit eine einzigartige materialistische Plünderung der Sinnlichkeit betreiben würde: Aus den unwirklichen Lebensverhältnissen der Verklemmten dieser Erde ließ sich lukrativ ein Freudenhimmel entwickeln.
Und in dem hatte sogar der Klerus seinen festen Platz: Wie selbstverständlich trifft es 1972 im *Verführerinnen-Report* auch den jungen nur allzu Geistlichen an seinem wundesten Punkt, im *Schulmädchen-Report V* (1972) muß gar der »Star« Ingrid Steeger ran, um den Religionslehrer trotz Zölibats zum Vater zu machen.
Die Versuchung wurde zum Leitmotiv einer Zeit, die sonst keine Verlockung zu bieten – zumindest keine offenzulassen – schien.

Der Sozialwissenschaftler Wolfgang Fritz Haug hatte 1971 ausgerechnet die Idee der Marx'schen Religionskritik zum Anlaß einer Abrechnung mit dem Kapitalismus genommen, die die schematischen Formeln der Sechziger ungewöhnlich und auf frappierende Weise neu scharf konturierte: »Die Objektivität von Glück und Leid begründet die der Manipulation«, hatte er bereits 1963 behauptet.
Nun veröffentlichte er eine *Kritik der Warenästhetik.* Nicht »die Manipulation« der Massenmedien, beispielsweise durch die *Bild*-Zeitung, war sein Thema, sondern die Verführung durch den »schönen Schein der Warenwelt«. Die Ästhetik zählte, nicht erst bei genauem Hinsehen, mehr als Ideologie. Die Protestbewegung der Sechziger hatte dies in ihrer rigorosen Ablehnung der schnöden »Konsumwelt« als das eigentliche Problem der Trennung

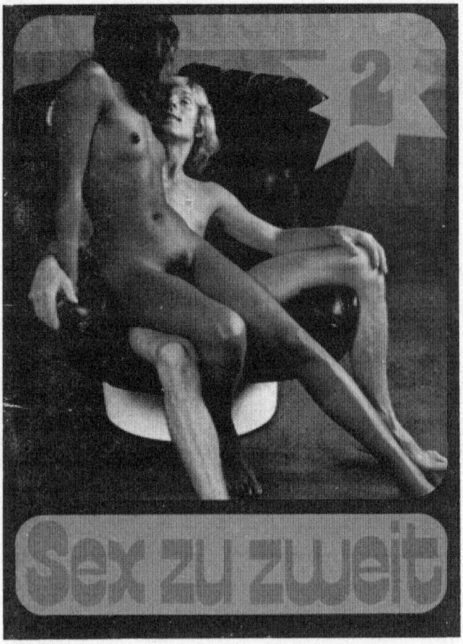

zwischen Privatem und Öffentlichen übersehen. (Dafür wurden umgekehrt in den selbstverliebten Achtzigern die lieben Selbste der Sechziger nicht beachtet – mit der Folge, daß die Siebziger als Mittler-Jahrzehnt verklärt werden.)

Haug schrieb erstmals auf, was die Waren alles versprachen, ohne das Versprechen zu erfüllen, wie im Wohlstand nicht die Wünsche endlich erfüllt, sondern immer wieder unbefriedigt geweckt wurden:

»Die Kritik der Warenästhetik leistet einen Beitrag zur Sozioanalyse des Schicksals der Sinnlichkeit und der Entwicklung der Bedürfnisse im Kapitalismus. Kritik ist sie, indem sie die Funktionsweise ihres Gegenstandes zugleich mit den Bedingungen für seine Möglichkeit, seiner Widersprüchlichkeit und historischen Entfaltung darstellt.«

So schilderte Haug beispielweise den Fall des Münchner »Busenwunders« Rosemarie Heinicke, die Anfang der Siebziger als dralles Hippie-Mädchen und Groupie in den Klatschspalten der Boulevardpresse von sich reden machte. Als »Rosy Rosy« verkaufte sie auch Plastikabdrücke ihrer Oberweite. Ihr »Künstlername« war zum Markennamen geworden – ihr »Produkt« ein, nach Haug, »Gebrauchswertversprechen«.
Vor der 4. Kammer für Handelssachen des Darmstädter Landgerichts mußte Rosy Rosy jedoch 1970 unversehens gegen ein Pforzheimer Textilversandhaus um ihren Namen streiten, das »Sexwäsche« unter der Markenbezeichnung »Rosy« vertrieb. Verpackung und das zu Verpackende prallten aufeinander – die Richter urteilten, daß eine Verwechslung der Hülle mit dem Inhalt auszuschließen sei und wiesen die Klage auf Unterlassung ab.

Die Warenästhetik, folgerte Haug, lasse »ein Ding« ins Dunkel verschwinden, wenn sie »es ins reißerische Licht rücke«.

Dies galt am ehesten für die »Ware« Sex im Kino, die sich in den Siebzigern eine ganz und gar eigene Ästhetik geschaffen hatte: aus all den moralischen Trümmern der fünfziger und den »aufklärerischen« Aufbrüchen der sechziger Jahre.

Das moralisch durchaus noch beständige Verbot jeglicher Sexualität vor der Ehe und die Beschränkung auf den sinnenlosen Fortpflanzungseinakter spiegelte sich in der typisch deutschen Filmdramaturgie weniger in kribbelnder Erotik als vielmehr der kribbelnden Gefahr des Entdecktwerdens, mit der mehr als nur »kokettiert« wurde: Ob nun die junge Dorfschöne den Krämer unterm Ladentisch mit dem Mund sprachlos zu überzeugen sucht, ihr ein Minikleid zu »schenken«, während dieser stöhnend und augenrollend oberhalb des Tresens mit zwei derben Alt-Bäuerinnen über die langen Beinkleider ihrer gebrechlichen Mannsbilder fachsimpelt. Oder ob der Gärtnerlehrling von der Meisterstochter lernt, was sonst noch eingepflanzt werden kann – Lust war Last, Verrichtung in einem dafür fremden Alltag.

Meist kam es auch gar nicht bis zum Letzten: Der gehörnte Ehemann kommt stoffelig hinzu, oder der Nebenbuhler von der Post, der Milchmann oder Wäschefahrer; das unter militärischen Liegestützen ächzende Bett bricht zusammen – am besten auf einen noch darunter liegenden vorherigen Liebhaber; ein Schrank, in dem sonstwer versteckt ist, stürzt um; ein Baugerüst, von dem aus fleißige deutsche Handwerker die nimmersatte Liebesakrobatik einer »Hausfrau« beobachten, kann den wißbegierigen Lehrling nicht mehr halten; und dergleichen Schicksalsschläge mehr, die das Übertreten des Verbotes verhinderten oder rächten, den Zuschauer vor jeglichem Anflug von Leidenschaftlichkeit auf andere Gedanken brachten und zudem seinen durch nackte Bilder aufgestachelten Neid in Schadenfreude abkühlten.

Die Überraschung konnte freilich auch in Gestalt einer besonders »komischen Figur« auftreten – wie einem tuntigen Schwulen, einer tussigen Schwiegermutter, einem bayrischdepperten Tolpatsch, einem stierblütigen kurzbeinigen Spanier und einem brillantinierten Italiener –, über die umso herzlicher gelacht werden konnte, wenn sie sich auch einmal am Sex »versuchen« mochten und hoffnungslos scheiterten. Warum sollte es Minderheiten denn besser gehen als der Mehrheit mit ihren Problemen?

Im eigenartigen Gegensatz zu diesen drei Fährnissen (»verbotenes« Tun, »überraschendes« Auftreten der Moral in personam oder ad absurdummdummdumm), die die Lust erst so richtig lustig machen, wurde der »Warencharakter« der Sexualität in den Siebzigern ganz ungeniert deutlich: Gegen Miete, gegen Dessous, gegen Kündigung, für Geld, Reichtum und gesellschaftliches Ansehen gaben sich unausgelastete Frauen möglichst unappetitlich anzusehenden Neureichen, Industriellen, Polizisten, Abteilungsleitern und Vorgesetzten ihres Ehemannes hin.
Keine Moral störte, wenn das »Kommen« dem eigenen Fortkommen nutzte.

Das Dienen wurde dabei – wie sonst kaum so unverschlüsselt – zum eigentlichen Thema der Sexualität. Frauen – und waren sie noch so doppelbelastete »Hausfrauen« oder »frühreife Schulmädchen«, pflegebedürftige »Krankenschwestern« oder »jugendliche Ausreißerinnen« – ordneten sich irgendwelchen Männern unter. Sie zierten sich anstandshalber, um danach um so leidenschaftlicher und ergebener zu sein. Die Liebe sprengte ihre Dekolletés. Nur die Selbstbewußten gerieten auf die schiefe Bahn ins Horizontale.

Diese Markenzeichen des deutschen Sexfilms der Siebziger waren bereits bestens erprobte Muster. In ihnen tauchten Klischees und – teils ohne weiter notwendige Rollenveränderung – die unsäglichen Typen des Heimatfilms, des Komödienstadels und des Ohnsorgtheaters auf, vom unvermeidlichen Franz Muxeneder bis hin zu wenigstens noch jugendlichen Knallchargen wie Konstantin Wecker *(Unterm Dirndl wird gejodelt,* 1974).

Geh', zieh dein Dirndl aus! (1973) oder *Auf ins blaukarierte Himmelbett* (1974) wirkten allerdings in diesem eigenartigen Zusammengehen aus Hinterwäldlertum und antibürgerlicher sexueller »Befreitheit« am internationalen Filmmarkt unberechtigterweise unverkrampft und ironisch folkloristisch. Make love made in Germany – mache alles mit, auch wenn ich nicht weiß, was.
Die relativ größere »Freizügigkeit« half in Frankreich, Italien und England zudem, über den gröbsten teutonischen Blödsinn und immer wieder offenen Fremdenhaß hinwegzusehen. Das jähe Ende des gutdeutschen Softsexfilm-Booms im In- und Ausland wurde eigenartigerweise nicht einmal so sehr allein durch die stufenweise »Freigabe« der Pornographie ausgelöst.
Schon 1970 verkaufte eine einzige, weniger bedeutende skandinavische Pornofilm-Firma an private Abnehmer in der damaligen Bundesrepublik dreitausend der sündhaft teuren Super-8-Kopien für das Heimkino, in dem sonst artige Ferienfilme zu sehen waren. Bis zu fünfhundert Pornofilm-Titel mit jeweils tausend bis fünfzehnhundert Kopien waren bereits zum Anfang des Jahrzehnts im Angebot.
Dieser Hinterzimmermarkt wuchs heimlich wie rasant, machte aber dem Massenmedium Kino zunächst keine entscheidende Konkurrenz.

Geschäftstüchtig fragte denn auch der »Aufklärer« der sechziger Jahre, Oswald Kolle, 1971 in einem schon nicht mehr ganz soften Streifen *Was ist eigentlich Pornographie?*

»Die empfindlichen Schnittauflagen, die diesem Kolle-Film auferlegt wurden, und die Schwärzungen sogenannter heikler Körperpartien und bestimmter Sexualvorgänge sind ein Zeichen für die totale Verlogenheit unserer Gesellschaft«,

bestätigte der Sexualwissenschaftler Helmut Kentler werbewirksam. Wie überhaupt Sozialwissenschaftler gerne der schmierigen Branche mit angeblichen Erkenntnissen und Statements zu Diensten waren.

Die Vorführung »harter« Sexfilme in den Kinos ab Mitte der siebziger Jahre brachte dem Softsex-Film erhebliche Einbußen an Reizen und Geld und thematische Änderung hin zum »Jugendlichen«: Die Teenage-lovestory stand plötzlich im Vordergrund, es wurde Hit- statt Blasmusik aufgespielt, statt Scheiß als Stil gab es nun Eis am Stil. Die alten Raincoat-Kunden wurden indessen aus einem anderen Grund zu einer noch verschworeneren Gemeinde: Wollten sie einen »harten« Film sehen, mußten sie an der Kasse ein »Magazin« (krude Bildchen-Geschichte mit sinnigen Titeln wie: »Love for Sale«) oder ein »Getränk« kaufen.

Die fette Kassiererin hatte wieder gut lachen. Denn nach wie vor durfte Pornographie nicht öffentlich gezeigt werden, wenn »Entgelt« »ganz oder überwiegend für diese Vorführung verlangt wird«.

Nun kamen die Herren mit abwaschfesten Fickfotos oder einer Bier- und Korn-Fahne aus den Kinos, Sex hatte endgültig den Kneipendunst angenommen.

Das Ende des deutschen Softsexfilm-Booms wurde indessen nicht hierdurch, sondern durch die Zuspitzung seiner Zutaten beziehungsweise deren stilistische Verkehrung beschleunigt: Eine authentische, bis auf die Haut glaubwürdige »Hausfrau«-Type spielte 1973 die Hardcore-Hauptrolle in *»Deep Throat«* – Linda Lovelace, zweite Besetzung in diesem billigen Streifen, eine Frau, die sichtlich bereits mit Doppelkinn, Speckfältchen und Krampfadern kämpfte, die eher im Supermarkt Sonderangeboten denn auf der Straße Männern nachjagt.

Sie hat in dem Film – wie so viele Hausfrauen in Wirklichkeit und eben nicht im *Hausfrauen-Report* – Orgasmusprobleme und sucht nach neuem Kitzel, bis sie an einen »Psychiater« gerät. Der – ganz Mediziner – findet ihren Kitzler deplaziert vor, nämlich in der Kehle. Fortan kann Linda den Mund nicht mehr voll genug nehmen.

Der krude Humor dieser Story blieb den Stammtisch-Witz-Freunden der deutschen Hausfrauen-Reports indessen verborgen. Sie fanden mehr Freude am geradezu zirkusreifen Schwertschlucken der endlich »geheilten« Frau, das nach dem albernen Gehampel des deutschen Sex-Bodenturnens eine fremdartige Faszination auslöste und gerne in der Frühstückspause detailliert erörtert wurde: als einzigartige Möglichkeit, endlich »den Weibern das Maul zu stopfen«.

Auch in Frankreich ging es realistischerweise zunächst um Orgasmusprobleme und eine anschließende, therapeutische »Behandlung« der Frau, wenn auch nicht im französischen Stil. Diesmal allerdings war durchaus ernst gemeint, wenn auch nicht ernst zu nehmen, was aus den vorbürgerlichen Folterkellern und kolonialen Lustschlössern ans Kinolicht der Siebziger geholt wurde: Mit *Emmanuelle* (1973) und *Die Geschichte der O* (1975) sowie im selben Jahr *Emmanuelle II* entstanden sogenannte kunsthandwerkliche Filme, die auf älteren Romanvorlagen beruhten, und mit ihrem »literarischen« Anspruch nicht nur die Regenmäntel, sondern sogar Frauen in die Kinos lockten – nicht nur in der Vorstadt, sondern in die Erstaufführungstheater.

Der *Spiegel* veröffentlichte nicht zufällig erst im September 1975 eine Titelgeschichte zu »Neue Welle: Kino der Lüste«. Verkaufsfördernd abgebildet war nicht ein deutscher Melker, der wie schon Jahre zuvor im Kuhstall seine geübten Hände an die Magd legt, sondern eine Peitschszene im Verlies aus der *Geschichte der O.*

Wie die siebziger Jahre sich von den vorangegangenen und den nachfolgenden Jahrzehnten in der Bedeutung der Sexualität unterscheiden, kann realistischer kaum besehen werden als ausgerechnet in der Traumfabrikation, im Kino, der verhimmelten Form der irdischen Verhältnisse.

Es sind nicht nur die unzähligen billigen Filmchen, die uns Auskunft über die erotischen Ausdrucksmöglichkeiten eines Jahrzehnts geben, sondern eben auch das sogenannte große Kino, die Kassenschlager.
1951 hatte Hildegard Knef in *Die Sünderin* erstmals einem Kinopublikum kühl die nackte Schulter gezeigt und damit einen unvergleichlichen »Skandal« ausgelöst.
1963 war in Ingmar Bergmans *Das Schweigen* gar – wenn auch undeutlich – ein Beischlaf zu sehen.
Beide Filme dokumentierten eher schamhaft, daß es überhaupt Erotik gab – weswegen die geradezu wütenden Reaktionen darauf die eigentliche Schärfe zeigten: Sexualität war schlechthin verwerflich, so »moralisch« depressiv ging es zu, wenn das Licht aus- und die Phantasie anging.
Für die siebziger Jahre sprach der Film *Der letzte Tango in Paris* von Bernardo Bertolucci schon von ganz anderen Umständen als denen, die als höchste Form der Sexualität noch erbeten waren: Er löste 1972 heftige Unruhe bei Kinogängern und Rezensenten aus. Nicht weil der schon erheblich aus der Körperform geratene Superstar der Sechziger, Marlon Brando, mit der Jung-Frau Maria Schneider schamlos in allen Variationen kopulierte. Im Gegenteil. Der Film widersprach gerade darin dem Zeitgeist der angeblich gängigen Libertinage: *weil* er dem naiven Optimismus von »sexueller Befreiung« und Aufklärung wortwörtlich und eindringlich die destruktiven und tödlich asozialen Anteile des Sexus entgegensetzte. Kein zweites Mal wurde so hautnah die Illusion der »sexuellen Revolution« bloßgestellt, der »tabulosen Liebe« – kein Film sagte mehr über Lust und Nöte des Jahrzehnts aus.
Wieder ganz anders in den achtziger Jahren: eine vermeintliche Möglichkeit, wie der in den siebziger Jahren fast mythische Zustand der Befreiung vom Tabudruck der »Moral« auch ohne Aufhebung eben jener Tabus erreicht werden kann, wird in dem Film *Sex, Lies and Videotapes* indirekt gezeigt.
Die Handlung richtet sich nach einem

bekannten Grundmuster: Ein Mann besucht nach neun Jahren seinen Studienfreund, der inzwischen Erfolgsanwalt und unglücklich mit einer Frau verheiratet ist, die er mit seiner sexgierigen Schwägerin betrügt – während die Gattin einen Psychiater konsultiert, um ihrer Unlust am ehelichen Verkehr auf die Spur zu kommen. Der Eindringling in diese amerikanische Idylle ist ein Aussteiger und »Versager«, dessen liebstes Körperteil seine Videokamera ist, mit der er die Frauen eindringlich nach ihrem Sexualleben ausfragt. Mit Voyeurismus oder gar Sex hat der Film nichts zu tun, obwohl er dies vorgeblich zum Thema hat – viel aber mit Lüge. Daher rühren auch hier die Mißverständnisse: Gezeigt wird, wie auch bei Bertolucci, Sex. Und es wird darüber geredet, aber eben nicht wie im »Letzten Tango«. Beides – Sex und das Gespräch darüber – sind nicht wirklich das, was sie zu sein vorgeben. Die renommierte Münchner Filmkritikerin Ponkie sah in dem Film »Hippie-Utopie und Real-Feminismus« zu einem »Psychogramm der Zeit« verdichtet, ein »Libido-Seismograph für die Verkorksten der 90er Jahre«. Tatsächlich spiegelt der Film die Befindlichkeit der am »time lag« Leidenden der Neunziger wieder, ihre Orientierungslosigkeit gegenüber den rasanten Entwicklungen der Sexualität, die sich der individuellen Vernunft scheinbar entziehen. Sex als letzte Pubertätspickel der siebziger Jahre.

Aber mehr noch zeigt *Sex, Lies and Videotapes,* welche Bedeutung der Öffentlichkeit von Sex schlimmstenfalls vermittelt wird: Mit den Medien – hier der Videokamera – wird das erotische Elend gar verlängert, nicht wie bei Bertolucci fokussiert.
Das Zeichen, das der Film darüber hinaus als verstecktes, aber wohlverstandenes Motiv beinhaltet, ist jedoch unmittelbarer: »Reden *ist* der Sex der 80er Jahre«, notierte das *Time Magazine* bissig.

Zwanzig Jahre nach *Der letzte Tango in Paris* ist diese regressive Entwicklung noch augenfälliger: In *Basic Instinct* ist 1992 der Beischlaf im A-Picture ungezügelter zu betrachten als je zuvor, die Leidenschaft paart sich wiederum mit dem Tod. Aber wie bei *Sex, Lies and Videotapes* ist die Wollust nur Staffage – es geht nicht um das Reden, es wird gemordet. Der sonst für biedere Rollen bekannte Oscar-Preisträger Michael Douglas verfällt einer schönen, mondänen, reichen Blondine, einer Schriftstellerin mit Gespielinnen, die ihn ungehemmt in ihre Plots einspinnt. Die Botschaft des Krimis mit Koitus abruptus paßt in die puritanischen Neunziger: Sex ist böse und lebensgefährlich, Sex ist die widerliche Waffe der Frauen, um Männer zu morden, im übertragenen wie im wörtlichen Sinne. Da kommt nostalgische Lust an den fröhlichen Siebzigern verständlich auf. Da erscheinen die deutschen »Lust«-Spiele der Siebziger wie eine Märchenstunde.

Wie die Filme auf ihre Betrachter in den siebziger Jahren wirkten und heute noch wirken, ist umstritten. Die

moralischen Sittenwächter und die feministischen Pornographiegegner haben abgrundtiefe Thesen noch für die flachsten Träume.
Nur eines bewirkten sie mit Gewißheit nicht: ein Minimum an Aufklärung. So »aufgeklärt« wurde die frühreife Jugend in den Reports gelegentlich dargestellt, daß ein Mädchen beim überraschenden Hausbesuch eines feisten »Schularztes« sich ohne Fragen entkleiden und a tergo dessen »schön dickes Fieberthermometer« einführen läßt – das der Mann bis an die Grenze des Herzinfarktes lustvoll immer wieder reinstößt wie eine Aktentasche in die übervolle U-Bahn.
»Autsch« kommentiert da wenig später eine Film-Jungfrau das jähe Ende ihrer so einmaligen Rolle, die mit der Präzision einer Klempnerarbeit ausgeführt wurde.*

»Na bitte, nun bist du keine Jungfrau mehr – nimmst du eigentlich die Pille«, fragt dann der – diesmal junge, aber nicht minder plumpe – Exekutor in *Was Eltern oft verzweifeln läßt – Schulmädchen-Report II* (1972). Eine andere wird 1974 im *Schulmädchen-Report* gleich (»Das erste Mal, daß mich ein Mann nackt gesehen hat«) schwanger und fragt den jugendlichen Galan: »Bist du mir böse, Jürgen? Das war dumm von mir.« Doch Jürgen ist es nicht und rät von einer Abtreibung ab. So schön kann Liebe sein – wenn Eltern, Lehrer, Klerus und Justiz sich nicht einmischen.

* In anderen Streifen ist nicht zufällig wie nicht unzutreffend in diesem Zusammenhang vom »Rohr verlegen« die großmaulige Rede.

Doch wehe! Im »sozialkritischen« Melodram *Mache alles mit* von 1971 sind die Eltern Hinze überrascht, daß die Tochter die Pille nimmt und – genauso schlimm – die *St. Pauli Nachrichten* liest. Dort hat sie eine Annonce entdeckt, in der Minderjährige für »Sexualaktionen« gesucht werden. »Moderne Menschen ohne Tabus« sucht die neugierige Kleine. Die »Kommunardin« Rosie will sie von der »freien Liebe« überzeugen – gegen das »Scheiß-Establishment«. Doch dem verirrten Großstadtkind bleibt nur die Flucht aufs Land, in die Arme eines jungen Einsiedlers, der sie – in einer Welt von Sexbesessenen – zunächst unberührt läßt. »Ich liebe dich«, raunt er, als er schließlich – weswegen auch immer – von der Polizei in Gewahrsam genommen und die Frau seines Herzens ins Erziehungsheim verfrachtet wird. Da ist die Welt noch heil, selbst wenn sie kaputt ist – da bleibt die Seele rein, selbst wenn Sex im Spiel ist.

Und wir standen mit dem Rücken an der Wand, scherzten und lachten. Später kamen auch erste verstohlene Küsse hinzu.

St. Pauli Nachrichten
informiert DAS LUSTBLATT DER WELTSTADT amüsiert

»Mehr Demokratie wagen!«

Politikträume der Siebziger als sozialdemokratischer Reformismus: Was von der »außerparlamentarischen Opposition« der Sechziger auszuschlachten war

Und da waren die bewegenden Bilder. Eines vor allen: Willy Brandts »Kniefall«. Da kniete der Kanzler der Bundesrepublik Deutschland plötzlich – die Hände vor dem Bauch wie zum Gebet gefaltet – am Mahnmal im Warschauer Ghetto.
Am 7. Dezember 1970 war das: über ein Vierteljahrhundert nach Kriegsende endlich eine Geste der Demut und Schuldverantwortung, die in den fünfziger und sechziger Jahren so beharrlich beschwiegen worden war.

Solche Bilder stehen in der Erinnerung still.
Nicht weil sie so unvergänglich wären und etwa schwerer zu vergessen sind als die menschlich wie optischen Plumpheiten der Achtziger – z. B. ein Kanzler Kohl mit dem Präsidenten-Darsteller Ronald Reagan »betroffen« an den SS-Gräbern in Bitburg.
Die Bilder der Siebziger sind eigentlich ebenso leicht zu vergessen. Und doch bleiben sie.

Es fällt allerdings schwer, sie präziser ins Gedächtnis zu holen. Nicht weil es lange her ist. Im Gegenteil. An das vordergründige Bild erinnern wir uns gut. Wir erkennen es – wie die kleine lokkende Hippie-Attrappe in der U-Bahn: Ach ja – damals! Aber was dahinter steht oder stand, ist merkwürdig abgefahren, irgendwie piessich.

Wir wissen nur, daß wir »so etwas« nicht mehr treffen werden in der heutigen Politik – das gewisse Etwas, das uns fasziniert, wie so manches Vergangene.

Das nennen Politiker heute technokratisch wie eitel verletzt »Politikverdrossenheit« – es meint aber bloß, daß diese Politiker zu kleinformatig geworden sind, um noch große Bilder abzugeben. Wen interessieren schon Polaroids vom Leben? Wer glaubt schon den trostlosen, verlogenen Familienbildern von den »Gipfeltreffen« der »Führenden«?

Wir blättern zurück in die Siebziger: Da *waren* jedenfalls anfangs noch Träume hinter den Bildern – nicht nur Alpträume von der Apokalypse wie im folgenden Jahrzehnt. Bilder von Brandt und Breshnew mit Sonnenbrillen wie alternde Playboys, die ein Ende der Eiszeit zwischen Ost und West zu signalisieren schienen. Bilder vom Freudentaumel im Bundestag, als Barzels Mißtrauensvotum gegen Brandt gescheitert war.
Träume standen dahinter, die man heute schwer noch fassen kann. In der Erinnerung sind sie bunt blühend wie Blümchenkleider.

Aber sie waren schon in den siebziger Jahren anders, wenn man genauer hinsah: Sie wollten gar keine Träume, keine Utopien sein, sondern Realismus – wie im Kino. Und eigenartig: Je konkreter die Träume waren, desto schwerer fällt es, sie noch genau zu erinnern.
Sie wollten »machen«, was sich sonst nur die Phantasie vorstellt – mutig zeigen, daß »alles machbar« war. Sie wollten die Gegenwart bewältigen und die Vergangenheit – unverstellt von fadenscheiniger konservativer Moral, falschen vaterländischen Gefühlen und brüchigem Kleinbürgerglück. Politik sollte ändern!

Es war eine neue Vorstellung von und in der Politik, die schon in den sechziger Jahren durch die »außerparlamentarische Opposition« (APO) geboren war – aus dem Schweigen der Alten und aus der Starre der Gesellschaft, aus dem stiernackigen Festhalten an Ordnungsvorstellungen, die schon einmal eine tragische deutsche Geschichte geschrieben hatten.

Es war ein schöner Film – wie von jungen Autoren.
Nun sagte ein Kanzler »Mehr Demokratie wagen« statt »Keine Experimente«. Nun bewegten »Reformen« die Gemüter statt der Rückschritte der Sechziger, es gab »neue Werte« wie »Chancengleichheit« und »Recht auf Bildung«, wo es vorher die immer nur gleiche Aneinanderreihung von konservativen, elitären Klischees gewesen war.

Wir aber standen an der Straßenecke und redeten und redeten. Mit uns hatten die grauen Herren im kleinen Bonn nichts zu tun, die mit ihren schwarzen Limousinen vor- und abfuhren, Platz nahmen an langen Tischen mit Grabgestecken entlang der Mitte, bedeutend redeten ohne jegliche Bedeutung. Die Polit-Tramper unterwegs nach irgendwo, jederzeit bereit, auf den Zug der Zeit aufzuspringen, auf der verzweifelten Suche nach Anerkennung. Und sei es nur, daß jemand anders anerkannt werden sollte, um

selber anerkannt zu werden in der Welt. Zum Beispiel die »sogenannte« Deutsche Demokratische Republik oder die polnische Westgrenze.
Gänsefüßchen marschierten als Zeichen der Unbeugsamkeit gen Osten. Dabei war der Mief beim täglichen Putzen der Anführungsstriche kaum kleiner als beim verordneten Schwenken von Winkelementen »drüben«, in der »DDR«.
Kurz und klein: Die grauen Männer waren langweilig und ölig wie ihre Frisuren, Rosenzüchter allesamt. Allenfalls wenn Willy angefeindet wurde, waren wir kurzzeitig auf der Seite des »blöd Angemachten«.
Willy war ein Pop-Star der Politik – kein sehr guter, aber eben eine Lichtgestalt gegenüber Rainer Barzel (»Lieber reiner Korn als Rainer Barzel«, hieß es im Mißtrauensvotum im April 1972 auf Buttons) oder Walter Scheel (»Hoch auf dem gelben Wagen«, sang der »Liberale« und spätere Bundespräsident, als wäre er der Schwager von Heino und Schwiegerpapa von Hella von Sinnen).

Das war nicht etwa »unpolitisch«, wie uns »Jungsozialisten« (Jusos) oder die »Sozialistische Deutsche Arbeiterjugend« (SDAJ) einreden wollten. Es war ganz einfach der bessere Geschmack.
Uns interessierte seit Ende der Sechziger vielmehr, was John Mayall nach seinem *Blues from Laurel Canyon* an musikalischer Leidenschaft erschließen würde – nicht wie die Parteien sich allmählich zur »politischen Landschaft« aufplusterten.

Beat – Die sprachlose Opposition hatte Dieter Baacke zum Anfang des Jahrzehnts diese »Verweigerungshaltung« beschrieben, die keine war: Wer zurückblickt, wer großzügig zusammenfaßt, der merkt sehr schnell, daß es nichts gab, was die Beteiligung wirklich »gelohnt« hätte. Außer wenn man den großen Griff in die Kassen wagte, wie dies die Parteien taten.

Eine unglaubliche Vorspiegelung sagte schon damals, daß die siebziger Jahre die Zeit der demokratischen Reformen seien. Politik sollte ändern!
Voreilig behauptet, aber nicht ganz ungeschickt. In jeder Zeit, die Gegenwart schon zur Geschichte (v)erklärt, muß man sich höllisch vor Zombies vorsehen. Die Untoten lugen um die Ecke und rufen »Hallo, heute ist wieder ein historischer Tag«.

Wie banal das Leben dagegen sein konnte, brauchte uns niemand auf Schalmeien vorzududeln. »Mehr Demokratie wagen!« – daß wir nicht lachten.
Das »Mehr« verschwieg immerhin nicht, daß es mit der »Demokratie« im umerzogenen Deutschland noch nicht so weit her war – und das »wagen« zeigte gleichzeitig, wie ernst es den Hasenfüßen mit diesem uneingelösten Noch-Mehr schon im voraus war.

Die siebziger Jahre waren – da konnte uns keiner mit »Reform«-Versprechungen täuschen – im Gegenteil die Zeit, in der die Parteien den Staat unter ihre Fuchtel nahmen, Steuern hinterzogen und Pöstchen schacherten. Politik sollte ändern – nur die Politik nicht. Jeder wußte das. Nur die Verantwortlichen nicht, erst recht nicht, nachdem es in den Achtzigern sogar schon im *Spiegel* nachzulesen war. Doch davon gab es keine einprägsamen Bilder.

Daran wollten wir uns jedenfalls schon damals nicht »beteiligen«.
»Aussteigen« nannten das Soziologen und besorgte Eltern, obwohl es nichts weiter war als der Versuch, »unverbogen« ehrlich zu sein – »bei sich zu sein«, wie wir es nannten, wenn wir einmal außer uns waren.

Was war das auch schon für eine »Beteiligung«! Beispielsweise das »Städtebauförderungsgesetz« (StBauFG) von 1971: Es sah erstmals eine »Bürgerbeteiligung« an der Stadtplanung vor. Die erste »Beteiligung« von Bürgern an der Politik überhaupt und gleichermaßen die allerletzte. Sie war alles andere als eine sozialdemokratische Reformleistung, wie die Mär jahrelang lautete. Erst die CSU hatte die Paragraphen im Bundesrat ins Gesetz gedrückt, weil damit Eigentümerrechte besser geschützt werden sollten.
Von den Städten, die nach dem StBauFG und unter Einsatz von »Bürgerbeteiligung«, Bagger und Abrißbirne »saniert« wurden, blieben nur seelenlose Beton-Trümmer: Straßenzüge hochkant gekippt als »Neue Heimat«. Alle Städte begannen in den Siebzigern auszusehen wie Schleiflackwohnzimmer, ob Bottrop oder Rendsburg, Vietorhausen oder Albertville. Natur kam nur noch in Kübeln vor. Zwischen Koniferen und Begonien, zwischen Parkhäusern und Supermärkten lauerte, aus Tiefkühltruhen bleckend, der satte Cholesterintod.
Die Menschen – beteiligte wie unbeteiligte – wurden aus den Innenstädten vertrieben, damit nur ja genug Parkraum in den »Cities« entstand, für den Fall, daß sie mit ihren Autos wieder hineinfuhren, um die Regale zu leeren. Die Waren hatten es besser als die Menschen. Sie breiteten sich auf dem früheren Wohnraum aus wie Schimmeltau. Städte waren im übrigen plötzlich »Mittel-« oder »Oberzentren«, die »generalverkehrsplanmäßig« durch superbreite »Verkehrsachsen« verbunden waren, als bräuchte das Land wieder generalstabsmäßige Aufmarschwege für einen raschen Panzervorstoß.

Einkaufszentren entstanden, Erholungszentren und Sportzentren, Leistungszentren und Rehabilitationszentren, Eroszentren und Möbelzentren, Waschzentren und Kulturzentren, Frauenzentren und Lustzentren, Rechenzentren und Machtzentren, Seniorenzentren und Jugendzentren. Und wo der Wald darob verschwand, wuchs gleich ein Industriepark nach.

Wir haßten diesen Wahnsinn aus den staatlichen Planungszentren, die sich so derart menschenfreundlich gaben, so bedrohlich »bürgernah« wie die später eingeführten zugehörigen »Kontaktbereichsbeamten«.

Wir waren gewiß nicht »Opposition« – weder außerparlamentarisch noch sprachlos. Wir waren Opfer. Das war ein großer Unterschied. Von Opfern verlangt man nicht auch noch ihre Beteiligung.

Und wir bekamen es schneller zu spüren, als uns lieb war. Die »Bildungsreform«, von der Studentenbewegung der Sechziger angemahnt, ging einher mit dem »Stellenstop« für Lehrer. Die größere »Freiheit« in den Hochschulen wurde vom »Berufsverbot« gekrönt. Die »konzertierte Aktion« der sozialliberalen Regierung mit den Gewerkschaften und Arbeitgebern war angesichts der rasch zunehmenden Arbeitslosigkeit eine konzentrierte Resignation. Das »Mehr an Demokratie« von 1970 begegnete uns endlich konkret 1977 auf Straßen in Gestalt bürgerkriegsgerüsteter Polizeisperren vor dem geplanten »schnellen Brüter« in Kalkar und »Lauschangriffen« gegen kritische Bürger wie den Atomwissenschaftler Klaus Traube.

Alles war eine geschmacklose Farce, sobald man sich die Ergebnisse der vollmundigen Ankündigungen mit ein wenig Abstand besah. Schlimmer: Es war die gelebte Katastrophe.
Das waren die Bilder, die man schnell vergißt. Sie liegen zwischen dem jungen, lockigen Barden, der Gitarre spielt, und dem angepaßten Büromenschen, zwischen der nackten Frau auf dem Pferd und der New-Age-Träumerin. Das waren die Bilder, die die erinnerten gleichzeitig unscharf und irgendwie unbedeutend werden lassen. Willy Brandts tatsächlicher Kniefall vor den Opfern der Nazis bewegte uns, weil wir darüber seinen geistigen Kniefall vor den Ewiggestrigen der Nachkriegspolitik vergessen durften. Die Enttäuschung tat nur halb so weh, solange das Image von Integrität und Initiative noch irgendwie stimmte.

Wer wollte uns da andererseits heute noch verübeln, daß wir 1970 von John Mayalls *Turning Point,* dem Wendepunkt zwischen Studiotechnik und handgemachter Musik, nachhaltiger beeindruckt waren als von den lauthals verkündeten Wendepunkten der Politik.
Dann war da noch dieser junge Mann im Karohemd, der in der Hamburger Ernst-Merck-Halle in Mayalls Vorprogramm einen Röhrenkofferverstärker auf einen Stuhl stellte, ihn aufdrehte und »losfetzte«, daß wir nicht mehr wußten, ob wir die nachfolgende akustische Musik überhaupt noch hören wollten. Rory Gallagher hieß der. Wer aber war Rainer Barzel?
In den Achtzigern wußten wir es dann genau. Barzel hatte inzwischen – nachdem ihn Helmut Kohl beerbt hatte – eines der höchsten und ehrenwertesten Ämter der Bundesrepublik inne, als Bundestagspräsident, war sich aber nicht zu fein, Geld für Gutachten zu kassieren, die er nebenher nicht geschrieben hatte.

Auf der Straße hatten wir damals nur Ahnungen von der anderen Welt der Raincoats und der Graumänner. Wir träumten laut redend. Abbie Hoff-

mann, der amerikanische Yippie-Führer, einer politisierten Spezies der Hippies, hatte uns die »Nation Woodstock« als den Versuch begründet, den Menschen nicht auf dem Mond, sondern auf der Erde zu landen. *Das* war doch etwas, was die Phantasie forderte.
An derlei Experimenten waren all die skrupellosen Technikgläubigen und schonungslosen Macher der siebziger Jahre nicht interessiert. Sie träumten Träume nicht, sie stellten sie her und verkauften sie.

Manchmal sogar Alpträume. Je älter das Jahrzehnt wurde, desto realer wurden sie.
Die Atomkraft, von den Sozialdemokraten während der 70er in Bund und Land forciert, war seit den siebziger Jahren als »saubere« und »billige« Energieform gepriesen worden. Kritik daran wurde weggewischt wie Fliegendreck. Selbst nach dem Harrisburg-Unfall 1977 fand der führende Atomkraft-Lobbyist Wolf Häfele schnell zum strahlenden Realismus der Risiko-Befürwortung zurück. Vor der Bundestags-Enquete-Kommission »Zukünftige Energiepolitik« gab er sich am 10. Januar 1980 ungebrochen technikgläubig: In Harrisburg sei die Technik einfach zu kompliziert gewesen für die Bedienungsmannschaften. Häfele appellierte an die ehemaligen Wehrmachtssoldaten in der Kommission, sich einmal an den sowjetischen T-34-Panzer zu erinnern: Der sei simpel gewesen und doch überall hingekommen. So sei es auch mit den russischen Atomkraftwerken: einfach – aber in der Sicherheit gut. Die Bundestagsabgeordneten waren es zufrieden. Als Beispiel schwebte Häfele seinerzeit der graphitmoderierte Reaktortyp vor, dessen gute Bedienbarkeit der Welt dann 1986 in Tschernobyl vorgeführt wurde – Tschernobyl kam überall hin, wie der T-34.
Atomkraftgegner ließen sich nicht so leicht bereden. Sie waren im Vergleich zu wohldotierten Bundestagsabgeordneten schon deshalb »gefährliche Spinner«, »Dogmatiker« eben, »Ideologen«, die vom »Verfassungsschutz« beobachtet werden, von der Polizei in aufwendigen Straßensperren auf Autobahnen gebremst oder aus der Luft mit Hubschraubern angegriffen werden mußten. Sie wurden geprügelt, bis Knochen brachen, mit Kampfgas besprüht, das international zur Kriegsführung geächtet ist, sie wurden als Steinzeitmenschen verlacht und beruflich behindert. Das war das Mehr an Demokratie.*
Mit den »Reformen« der Siebziger war es wie mit den »Reports«: Sie gaben vor, aufzuklären und zu befreien – bewirkten aber das genaue Gegenteil. Sie kündigten Offenheit an, waren aber verlogen. Wir standen dabei draußen, unwissend was im Dunkeln vor sich ging.

* Bis heute hat sich kein Polizei-Beamter der damaligen Prügelkommandos öffentlich – spätestens nach Tschernobyl – für die zugefügten Schmerzen entschuldigt; kein Politiker ist aus Scham über die damalige Anwendung von staatlicher Gewalt zurückgetreten zugunsten einer »friedlichen Energieform«, die nicht einmal ein Jahrzehnt später Europa und die damalige UdSSR mit Verseuchung, Krebs und langsamem millionenfachen Tod überzog.

Es war »Warenästhetik« in einem Selbstbedienungsladen, der für uns geschlossen und nur für alte Herren offen war. Es war finstere Vergangenheit in einer Zeit, die endlich Zukunft gebraucht hätte. Titelbilder für die Neue Republik. Nichts für die Unterdrückten, viel für die Untersetzten.
Mit den Bedürfnissen der Jugend oder der Frauen hatten Raincoats und Graumanns nichts zu tun. Es hatte mit rein gar nichts zu tun, was nicht gerade – und ausschließlich – alten Männern immer schon wichtig war. Macht, Geld, Zynismus, Zoten. Kurz: Selbstliebe. Der Narziß verdrängte die Nazis.

Das Credo der Siebziger »Make love not war« wirkte da »ein wenig« wie eine verzweifelte Ironie. Aber wir glaubten daran. Irgendwie. Sowieso.
In den Sechzigern hatte doch noch *alles* mit Sexualität zu tun – sogar die Politik! Wir wollten eines nicht verstehen: In den Siebzigern hatte *nichts* mehr wirklich mit Sex zu tun – am wenigsten die Politik.

Die simple wie sinnliche Zauberformel »Make love not war« war weniger diskreditiert durch die Naivität der romantisch Liebenden als durch den Zynismus der unromantisch Lebenden, die damit hämisch den Hippies anrieten, sich doch bitte sehr um ihren Bauchnabel zu scheren. Sie machten jedenfalls lieber Krieg, wenn nicht nach außen, so doch wenigstens nach innen.

In einer »repressiven« Gesellschaft, wie die Sechziger von der APO gebrandmarkt wurden, war die Sehnsucht nach einer freieren, aufgeklärten Gesellschaft so groß, daß man schon mit einer Sehnsucht zufrieden war. Doch die sechziger Jahre hatten schon gezeigt, daß nicht viel gezeigt werden brauchte, um die vorschnelle Rede von einer »sexuellen Revolution« zum Gemeinplatz werden zu lassen. Kolle verkaufte sich mit seinen »Aufklärungs«-Filmchen eben besser als die Bücher von Wilhelm Reich.
Da brauchte es in der Folge nicht viele Beigaben, um den angeblichen Sieg der Sinnlichkeit über verstaubte Moral zur friedlichen Liebestat in den Siebzigern zu stilisieren – im Gegenteil: es mußten nur noch mehr Klamotten im Kino fallen, als seien sie die letzten Tabus.*
Und auch Politiker hatten es ebenso leicht, mit der vermeintlichen Promiskuität ihrer Wähler diese zu kitzeln – einem »Gebrauchswertversprechen« wie aus dem Bauchladen. Was brauchte es noch unberührbare »Mini-Rock-Mädchen« in der U-Bahn oder entrückte gitarrezupfende Barbusige an Fehmarns windigem Strand, die »bloß Hippies ranließen«,

* So beispielsweise zeigten zwei Polizisten zwei »Kolleginnen« auf einer Wiese, was so richtige Bullen sind (»Peter, bitte kommen!«) – die Politessen trampten hernach nackt, der Uniform von einem Spanner beraubt und die Scham wie »Hippie-Mädchen« mit Blümlein bedeckt, mit einer »Rockerbande« auf deren Harleys der Sonne entgegen (*Unterm Dirndl wird gejodelt*, 1974). So schön konnte Staatsgewalt im Film sein und die weltliche Aussöhnung mit der Freiheit – auf einem Motorrad ganz wie in »Easy Rider« – dem Kino-Klischee der Sechziger.

wenn doch das Pornographieverbot für alle fiel (1974), die Abtreibung »liberalisiert« (1974), Ehe und Homosexualität »freier« vom Gesetzgeber behandelt wurden (1973)? Brandt verkaufte sich leichter als Bebel.

Wie allein dadurch aus einer »repressiven« Gesellschaft der Sechziger eine »permissive Gesellschaft« der Siebziger geworden sein sollte, wie die Sozialwissenschaftler eilfertig diagnostizierten, blieb uns so unbegreiflich wie die verklemmte Sexfilm-»Erotik« heute noch.

Für uns waren es Reformen, die »sowieso schon mal überhaupt« in die Hose gingen: Noch 1970 definierte der *Spiegel* beispielsweise den »Vollzug« der Ehe juristisch feinsinnig mit der »Vereinigung der Geschlechtsteile, das aber auch ausreichend; ihre Berührung genügt nicht«.
Dies war zwar unappetitlich, aber zumindest gerichtsbedeutsam. Denn danach war alles andere kein »Ehebruch« mehr – mithin auch kein »Scheidungsgrund«.
Petting mit einem anderen Partner konnte also zwar bös verübelt, aber rechtlich kaum mehr geahndet werden. Sogar außereheliche Fellatio (die viele immer noch für eine Hautkrankheit hielten) und Cunnilingus (in dem so mancher noch den letzten römischen Kaiser vermutete) waren demnach ebensowenig »eheauflösend«.
Doch was sollte es? Andererseits waren die Ehemänner nämlich noch fest in ihrer Missionarstellung: »Die Frau genügt ihren ehelichen Pflichten nicht schon damit, daß sie die Beiwohnung teilnahmslos geschehen läßt.« Der »vorgetäuschte Orgasmus« wurde fortan für Jahre zum heftiger diskutierten Problem als die vorgetäuschte Abseitsfalle.*

Ein weiterer »Fortschritt«: 1971 verurteilte letztmalig ein Gericht eine Mutter, weil sie »geduldet« hatte, daß die »Verlobte« bei ihrem Sohn genächtigt hatte. Der »Kuppeleiparagraph« stand vor dem Ende. Aber noch jahrelang mußten Heiratsurkunden bei der Wohnungssuche vorgelegt werden! Je weniger Wohnungen in den Tageszeitungen annonciert wurden, desto mehr Verlobungen gab es.
Ansonsten feierte die »außereheliche Partnerschaft« ihre sozial-technokratischen Urstände.

Und noch eines war unübersehbar: Die Wogen über die »Freigabe« der »schmutzigen Bilder« schlug trotz alledem noch hoch wie in den Fünfzigern.
Schon in der Strafrechtsreform 1973 war der Begriff »unzüchtig« aus dem Gesetz gestrichen und durch »pornographisch« ersetzt worden. Aber 1974, anläßlich der Legalisierung der Pornographie, berichtete der *Spiegel* über die »Mobilmachung der Sittenwächter«, die zu Protestveranstaltungen, Kinoblockaden und Einwirkung auf die Bundestagsabgeordneten aufriefen.

* Der noch junge »Verbraucherschutz« brachte gerade das Wort »Mogelpackung« in Mode. Nicht zufällig: Es war so manches in den Siebzigern mehr Schein als Sein.

Als wären die bewegten Bilder zu der Zeit nicht reinste Abbilder einer kragenstarren Gesellschaft gewesen, die Voll- und Feinwäsche mit Riesenwaschkraft geradezu als seelische Lebensmitte predigte: mehr Waschkraft, mehr Demokratie, mehr Moral.

Die Gesellschaft der Siebziger war nicht »permissiver« als die der Sechziger! Fanden wir, zu unserem Leidwesen – und entgegen der Vorurteile über uns, die im Kino und in der Bourlevard-Presse gepflegt wurden. Sowieso. Genau. Wir hatten viele Floskeln der »Selbstverfreilichung«.

Die Änderung war wohl eine andere: Nach der Wohlstandsgesellschaft der Sechziger, die sich – halb entrüstet, halb daran aufgekitzelt – als eine Wohlanstandsgesellschaft aufgeführt hatte, folgte kurzzeitig die Überflußgesellschaft der Siebziger.
Es wurde gekauft, was die Kredite hergaben. Alles doppelt, alles eingeschweißt in Folie und alles garantiert Chemie und gesundheitsschädlich. Hauptsache: »neu«.
Dreck und Gift wurden nicht mehr einfach nur so gedankenlos in die Luft gepustet und – plätscher, plätscher – in die Flüsse »eingeleitet«, auch nicht gewissenlos, sondern im Gegenteil gewissenhaft nach gesetzlicher Rezeptur. Das war deutsch.
Das war Bürgerbeteiligung – am Sterben. Das war Sozialdemokratie: gleiche Gift-Chancen für jeden – Grenzwerte statt Gesundheit. Es wurde nicht an der »Überwindung des Systems gearbeitet«, wie »die Revolution« neu verwaltungsfreundlich bemäntelt wurde, sondern an der Zerstörung des Immunsystems.
Protestierten Bürger gegen die legalisierte Giftmischerei mit der Atemluft und der Kloakisierung des lebenswichtigen Wassers für ein paar Pfennige Profit und weichgespülte weiße Westen, bekamen sie auch schon mal von Gewerkschaften zu hören, man lebe schließlich nicht »in einem Luftkurort«. Auch so eine »Doppelstrategie«: Auf ein Leben ebendort bereiteten sich führende Funktionäre in den Siebzigern durch Unterschlagung, Veruntreuung und düstere Geschäfte mit Gewerkschaftsgeldern vor.

Doch je schlechter es einem nach ersten »wilden Streiks« 1973 wirtschaftlich ging, desto mehr gewann eine Art sexueller Überflußgesellschaft prägenden Einfluß. In die Kinos kam eher *Laß jucken, Kumpel!* (1972) und *Bohr weiter, Kumpel!* (1974) als *Rote Fahnen sieht man besser!* oder *Angst essen Seele auf.* Statt des Ex und Hopp der Sechziger nun Sex und Ex. Sex war das einzige Wegwerfprodukt, das rationell, mit geringem Aufwand und hoher Profitrate in Umlauf gebracht werden konnte. Wie vormals Plastik.

Sex ist Opium für das Volk, hätte Marx wohl geschrieben, wenn er sich nicht ausgerechnet der Religionskritik angenommen hätte. Dabei war Bettengeflüster zu allen Zeiten interessanter als Betflüstern. Warum gab es denn sonst die »Doppelmoral«, warum betrog denn Marx seine Frau ausgerechnet mit seinen »Dienst«mädchen?

»Aufklärung« konnte indessen nicht nur »befreiend« wirken (wie in den Sechzigern erhofft). Es war seit jeher ein militärisches Schlagwort und konnte mithin sexuell auch wie vor einer Feindberührung exerziert werden.
Das Schlagwort der Sechziger hatte eben nicht immer bei allen, die es benutzten, notwendig den mündigen Menschen zum Ziel oder gar als dessen Ausgangspunkt. Weder im Kapitalismus noch in einem Sozialismus, der sich lautstark vorredete, er sei »real existierend«.
Wir lachten gereizt, wenn uns die sozialistischen deutschen Arbeiter-Jugendlichen von ihren SDAJ-Zeltlagern vorschwärmten. »Ins Lager«, riefen uns auch manche Erwachsene auf der Straße zu.

Politik und Sex gehörten allerdings anders zusammen als vormals behauptet. Die These der Sechziger erhärtete sich in den Siebzigern bei einer Reihe unerfreulicher Gelegenheiten. Man brauchte gar nicht in psychologische Erklärungszusammenhänge abzutauchen – es erklärte sich manches wie von selbst.

Sobald die »bürgerlichen Freiheiten« zum Ende der Siebziger trotz gegenteiliger Ankündigungen immer mehr eingeschränkt wurden, ließ sich dies durch die kleinen unbürgerlichen Freiheiten offenbar leichter ertragen. Die Notstandsgesetze für den befürchteten Fall von bürgerlichen Unruhen waren rundum komplett – nun lockerten sich allmählich andererseits die Gesetze rund um den sexuellen Notstand, dort wo die unbürgerliche Unruhe seit langem schwelte.
Und umgekehrt. An der »Kommission zur Ausarbeitung der Eherechtsreform« war maßgeblich der Ministerialrat Dr. Kurt Rebmann beteiligt, der spätere Generalbundesanwalt und unnachgiebige »Terroristenjäger«, Erfinder der »Rasterfahndung« per Computer, die jeden zum elektronisch überprüfbaren Verdächtigen machte.

Nur zu leicht wurde vergessen, daß sich die SPD ihre »Regierungsfähigkeit« mit der Zustimmung zu den Notstandsgesetzen in der großen Koalition erkauft hatte. Es war daher von vornherein verlogen, »mehr Demokratie wagen« zu wollen – und andererseits Gesetze beizubehalten, die aus den Änderungsängsten der Alten durch die Studentenproteste entsprungen waren. Hätte es die selbsternannte Rote Armee Fraktion (RAF) später nicht wirklich gegeben, die Notstandsfetischisten hätten sie erfinden müssen.

Die massive Aufrüstung der Polizei zur Bürgerkriegsarmee während der siebziger Jahre war längst nicht nur Folge der Anschläge jener »linken Desperados«, wie sie im »politischen Raum« in einer Mischung aus Respekt und Verachtung genannt wurden. Die Notstandsgesetze waren schon Jahre vor ihnen beschlossen worden.

Die »Modernisierung« der Polizei paßte nun eigenartig mehr zur Aufrü-

stung der Kinos und zu High-Tech-Sex-Simulatoren: Beide sollten sie die Verklemmungen und Ängste »bewältigen« helfen – die Angst vor einem mündigen Bürger, der mehr Weitsicht als bestochene und beschwatzte Politiker hatte, war ebenso groß wie die Unsicherheit gegenüber aufweichender »Moral«, der sexuellen Mündigkeit.
Wie sehr beides immer wieder auch von Zeitgenossen zusammengebracht wurde, die nicht in der »Kommune 2« gelebt hatten, zeigte sich nicht nur in den wütenden Stammtischreden, daß Ulrike Meinhof »bloß mal tüchtig durchgebumst« oder wahlweise sowie ergänzend »an die Wand gestellt« gehörte.
Sie wurde 1976 erhängt in ihrer Zelle aufgefunden. Auf Flugblättern wurde daraufhin – gewissermaßen spiegelbildlich zum Stammtisch – der Verdacht geäußert, Frau Meinhof sei vor ihrem amtlich festgestellten Selbstmord vergewaltigt worden. Hier machte die Seelenlage rechts wie links eine Würdigung aller Fakten nahezu unmöglich.

Tatsache war jedoch: Vor Einsätzen der Polizeihundertschaften gegen Demonstranten wurden am Ende des Jahrzehnts, in Turnhallen und Zelten mit Vorliebe Hardcore-Sex-Streifen vorgeführt.
So ließ es sich wohl »enthemmter« knüppeln.

Wir erinnern uns an die bewegenden Bilder im Fernsehen.
Diese Schreie malträtierter Demonstrantinnen waren für manche Polizisten offensichtlich wie ein Orgasmus – das spritzende Blut der Demonstranten eifersüchtige Rache an deren vermeintlich größerer Freiheit. Es wurde immer wieder zugeschlagen und -getreten, auch wenn die Menschen sich bereits vor Schmerzen am Boden krümmten.
»Wir sind hier kaserniert, und die hokken im Wald und treiben's. Von denen geht keiner arbeiten«, stöhnte ein junger Polizist in Lüneburg, bevor es mal wieder ins Wendland ging, dafür sorgen, »daß die Lichter nicht ausgehen«, wie die Märchenonkels von der Atomindustrie volksnah gedroht hatten.

Wenigstens die Knüppel wurden »freigegeben« für Deutschland. In der »Republik Freies Wendland«, der 33tägigen, politischen Nachfolge-Nation zu Woodstock, wurde im Mai 1980 wie besinnungslos eingedroschen auf Liebe und Leben. Weil Menschen anders leben wollten, waren die engen Grenzen der noch kleineren Bundesrepublik Deutschland verletzt, und der »Bundesgrenzschutz« mußte einschreiten. Danach wurde der Wald abgeholzt für radioaktiven Müll. Die Polizei gab Generalprobe fürs Kettensägen-Massaker.

So handelte keine befreite Gesellschaft. Der Zeitgeist war schamlos, aber verklemmt.
Die »Jungfrau von Brokdorf« – schön, anmutig, aber von Polizisten getötet, werde auf den Schultern ihrer »Genossen« über die Wiesen in der Wilstermarsch getragen werden. Diese

sexuelle Gewaltphantasie stand als »Kommentar« von Peter Boenisch im Februar 1977 kurz vor einer Groß-Demonstration gegen das geplante Atomkraftwerk an der Unterelbe in der *Bild*-Zeitung.*

Wie sich die Bilder glichen: Die sechziger Jahre waren mit ihrer äußerlichen Unruhe der Studentenproteste und der inneren Unruhe, die sich in neuen Lebensformen wie dem positiven Bekenntnis zur Sexualität oder Kommunen ausdrückte, ein Jahrzehnt der allmählichen und halbherzigen »Wende«. Es bereitete sich der schnell vorübergehende Abschied von dem – seit Ende der zwanziger Jahre vorherrschenden – klerikalen Konservativismus vor, hin zu der zeitgemäßeren, sozialdemokratischen Variante: Technikglaube statt Gottesglaube, soziale Steuerungen statt Schicksal, soziologische Erklärungen statt Bibelverse, »Aussöhnung« mit dem Osten statt neue Ostlandritte. Sozialtechnokratie statt Sozialdemokratie – »Reform« statt »Revolution«. Ohne die Frauen, ohne die Jugend. Aber »alles frisch«, wie die Werbung allerorten versprach, auch wenn es nur Eingeschweißtes und Gefriergetrocknetes gab, daß einem die Zähne ausfielen. Bezeichnenderweise glaubten nicht einmal alle Sozialdemokraten an die Güte ihrer Versprechen.

* Symptomatischerweise wurde er später Pressesprecher der Regierung Kohl – bis er, auch ein innerer Zusammenhang, wegen Steuerhinterziehung wieder aus dem Amt schied. Der autogeile Journalist hatte einen opulenten »Beratervertrag« mit Mercedes.

Die »Jungsozialisten« (Jusos) beispielsweise, die mitgliederstärkste Jugendparteiorganisation des Jahrzehnts, redeten sich auf eine »Doppelstrategie« hinaus: Den »außerparlamentarischen Weg« der guten, vergangenen APO-Jahre wollten sie mit dem parlamentarischen verbinden.
Der »lange Marsch« durch die Institutionen begann, eine unendliche Geschichte mit vielen peinlichen Geschichtchen.

Wir konnten mit dem Begriff nichts anfangen. Irgendwie fanden wir das »schizophren« – auch so ein Modewort, das um sich griff wie damals die »Ostfriesen-Witze«. Obwohl wir grundsätzlich selbstverständlich für die »Psychiatriereform« in Italien aufgeschlossen waren und möglichst alle Irren neben uns auf der Straße haben wollten. Überhaupt zeigte sich ja im Irrsinn der wahre Kern des Menschen.

Heute haben wir erst begriffen, was die Jusos mit »Doppelstrategie« meinten, nachdem sie in Regierungsämtern sitzen und uns wieder schlau kommen. Ungefähr: im Kino sitzen und zusehen, wie ein Kind Erwachsene beim Kopulieren beobachtet und dafür »versohlt« wird – dann nach Hause kommen und das Kind »vertrimmen«, weil es sich »schmutzige Bildchen« aus Illustrierten gerissen und gesammelt hat, aber gleichzeitig für »Liberalisierung« eintreten.
»Doppelstrategie« – das wurde uns immer klar, wenn wir Detlef von der Juso-Schülergruppe oder Harald von den Vorort-Vorturnern ansahen – war das unheimlich strategische wie schurkische Gegenstück zur elterlichen »Doppelmoral« und der Vorläufer des sozialdemokratischen »Doppelbeschlusses« zur NATO (Aufrüsten bei gleichzeitigen Abrüstungsverhandlungen). Das eine wollen, das andere tun.

Wir hatten deswegen auch Mitleid. Die Aufbruchstimmung des »langen Marsches durch die Institutionen« war für uns nichts als die euphemistische Verzweiflung derer, die sich allmählich mit mäßiger Würde, übermäßigem Bierbauch und schön behutsam nach BAT aufs erfolglose Altwerden einstellten. Dachten wir damals, und Brigitte prostete dem pockennarbigen Wolfgang Roth auf einer jener unüberschaubaren Monsterfeten in Berlin Glück zu, auf denen in der Küche immer geheult, gesoffen und »politisiert« wurde. Wir steckten uns dann noch eine Flasche Weinbrand für den langen Marsch durch die Dunkelheit nach Hause ein.

»Lang« sollte er also werden, der »Marsch« durch die Institutionen. Das immerhin wußten die Verzweifelten durch Intuitionen.
Aber wie andere deutsche Helden zuvor würden auch sie den Kindern etwas von ihrem mit Mühsal beladenen und gefahrvollen »Marsch« zu erzählen haben. Nur »die Institutionen«, die würden dieselben bleiben – ob nun die Jusos »durchmarschiert« waren oder die alten Nazis in ihnen die Löffel abgegeben hätten. Schlimmer können Träume nicht sein.

Schlimmer kann die Wirklichkeit nicht sein. »Juso-Schreck« Wolfgang Roth und Nachfolger Gerhard Schröder machten dicke Backen für die Verstaatlichung bestimmter Wirtschaftsbereiche. Sie quengelten gegen den »staatsmonopolistischen Kapitalismus«, um dann als angepaßter »wirtschaftspolitischer Sprecher« der SPD-Bundestagsfraktion (Roth) zu enden und als Ministerpräsident zuzugeben, daß manche Reden nur durch die Lektüre von Klappentexten bestritten worden waren (Schröder).

Den langen Arsch hatten sie in die Institutionen gehievt – die Jusos hatten sich, wenn sie nicht vorher ausgeschlossen wurden, vorgeenkelt. Und die Altvorderen wie Willy und Jochen Vogel ließen sich von »den Enkeln« indirekt zu Polit-Opas deklarieren. Dabei rühmten sich die Jusos einst, einen wie »den Oberlehrer« Vogel als Münchner Oberbürgermeister »in die Wüste geschickt« zu haben – nämlich nach Bonn.

Es war »Frust angesagt«, wie salopp gemümmelt wurde. Die Nächte in den Kneipen vergingen darüber rauchgeschwängert. Die wenigen Frauen hingen an den Lippen der Stammtisch-Philosophen, manche, weil dies schon der Höhepunkt der Erotik, andere, weil es die angenehmste Art des Beischlafes war.
Wenn in diesen Kreisen zu später Stund unweigerlich von »Orga-Problemen« die Rede war, dann war immer nur das eine gemeint. Es gab eben Jugendliche, die sich mehr um »Organisations-« als um »Orgasmus-Probleme« kümmerten. Auch wenn sie häufig das eine mit dem anderen meinten.

Das war nicht zu weit hergeholt. Bei den zahllosen ausgelassenen »Solidaritätsfesten«, zu denen schon die kleinsten Anlässe ausreichten, wurden kritisch »die Mädels« der »konkurrierenden Organisationen« beäugt, obwohl der Parteirat der SPD schon 1970 jedes »Aktionsbündnis« mit »Kommunisten« und ähnlichen verboten hatte, so eine Art politisches Pornographieverbot. Das machte nur noch schärfer.
Die »Deutsche Kommunistische Partei« (DKP) mußte rein von der Mitgliederzahl her auch Frauen in ihren Reihen haben, hielt sie aber eigenartig im Verborgenen.
Der »Kommunistische Bund« (KB), die zweitgrößte »Organisation«, hatte einige »ganz hübsche Genossinnen«, wie viele einsame Wölfe damals fanden – solche, wie sie vom Typ her heute auch bei den »Zeugen Jehovas« anzutreffen sind. Aber irgendwie waren sie ihren Vorbetern geradezu verfallen. Sie lächelten zwischen zwei Glas Marsala gelegentlich zurück, gaben sich sonst aber zugeknöpft wie ihre Lederwesten.
Der »Kommunistische Bund Westdeutschland« (KBW) schickte verhärmte Lehramtskandidatinnen mit indischen Wickelröcken ins Rennen, die aber dafür mit ungefärbten Haaren. Henna hielten sie – trotz ihrer China-Freundlichkeit – irgendwie für »bourgeois«.

Und die »Gruppe Internationaler Marxisten« (GIM) war ohnehin so klein, daß sie allerorten, selbst in Großstädten, maximal Abordnungen von zwei bis drei Männern aufbieten konnten. Frauen wurden nicht gesichtet.

Kurz: Die Versuchung, sich vergnüglicheren Dingen als der Befreiung der Arbeiterklasse hinzugeben, war nicht übermäßig groß – das politische Zölibat zugunsten der späteren Weltrevolution von daher eine selbstverständliche Männersache.
Theoretisch jedenfalls, wie alles Theorie war zu jener Zeit.

Doch praktisch redete man sich die Köpfe beim Bier heiß, um wenigstens den wenigen Frauen zu imponieren, sie dem »Genossen« nach proletarisch-revolutionären Punkte-Wertungen auszuspannen und damit zumindest eine kurzzeitige Krise der internationalen Befreiungsbewegungen und des wohngemeinschaftlichen Küchenabwasches in Kauf zu nehmen.
Wer die desolaten Besäufnisse der Herrenrunden jener Tage miterlebt hat (und es waren nicht wenige »Verfassungsschützer« und deren »V-Leute«* darunter), der verstand nicht die Hysterie, mit der seit dem 28. Januar 1972 aufgrund des »Radikalenerlasses« der SPD- und CDU-Ministerpräsidenten und des Kanzlers Brandt hunderttausendfach die »Verfassungstreue« von Bürgern »überprüft« wurde. Da nahm man die Ehetreue schon »lockerer«.
Allein zwischen dem 1.1. 1973 und dem 30.6. 1975 wurde die erste halbe Million Bewerber für den öffentlichen Dienst »überprüft« – 235 wurden »abgelehnt«, bekamen Berufsverbot, darunter kommunistische Lokführer, Friedhofsgärtner und Briefträger. Das waren gerade ganze 0,05% Erfolgsquote zur Rettung der Demokratie.
Auch die »freie« Wirtschaft bediente sich gerne und ungeniert der Informationen der »Verfassungsschützer«, wo Detektive und Werkschützer als Schnüffler zu teuer gekommen wären. Was tat man nicht alles zum Erhalt der Republik.
Das andauernd eingeforderte »Bekenntnis zur freiheitlich-demokratischen Grundordnung«, von uns hämisch »FDGO« abgekürzt, war zur teilnahmslosen Beiwohnung im Sinne schlechter ehelicher Pflichten verkommen.
Andererseits war die Lenkung des *Bild*-getrübten Volksblicks auf diese mutmaßlichen »Feinde der Demokratie« effektvoll notwendig – weg von einem »Verfassungsschutz«, der nach wie vor mit dem mörderischen iranischen Folter-Geheimdienst SAVAK kollegial zusammenarbeitete und Regimegegner des Schahs nach Persien meldete, weg von Politikern, die den Putsch gegen die demokratisch gewählte Regierung Allende begrüßten und ehemalige Nazis immer wieder in führende Stellen hievten.
Das erste offizielle Berufsverbotopfer war Ilse Jacob. Der sozialdemokrati-

* »V« bedeutet nicht victory, sondern »Vertrauen« – eine geradezu Orwell'sche Euphemie. Heute sagt man wohl geschäftig moderner: »Inoffizielle Mitarbeiter«.

sche Hamburger Senat hatte »im Vorgriff« auf den Ministerpräsidenten zum »Extremistenerlaß mit Regelanfrage« im Land den Verfassungsschutz walten lassen: »Mitgliedschaft in der DKP« und »Arbeit für die Vereinigung der Verfolgten des Naziregimes« (VVN) hießen die Vorwürfe gegen Frau Jacob. Das stimmte wohl und war für denkende und fühlende Menschen keineswegs ein Affront: Sie hatte ihre Mutter im Konzentrationslager verloren, ihr Vater, ein kommunistischer Bürgerschaftsabgeordneter, war von den Nazis zum Tode verurteilt worden. Aber ausgerechnet Sozialdemokraten, die im Dritten Reich furchtbare Erfahrungen hatten machen müssen, wandten eine kultivierte Form der Sippenhaft an.

Am Ende des Jahrzehnts, das mit der Ankündigung von Reformen begonnen hatte, wurde schon wieder ein alter Nazi in eines der höchsten Ämter des Staates berufen: Das frühere NSDAP-Mitglied Karl Carstens wurde für die CDU Bundespräsident, wieder ein deutsches Staatsoberhaupt von schlichtem, aber gefährlichem Gemüt. Auf dem Höhepunkt der Terrorismus-Hysterie 1977 hatte er sich beispielsweise über den »Sympathisanten-Sumpf« erregt und namentlich den Nobelpreisträger von 1972, Heinrich Böll, gegeißelt, der »unter dem Namen Katharina Blüm« der Gewalt das Wort geredet haben sollte.

Es lag Resignation in der Luft, obwohl der »Reformwind« das Jahrzehnt angeblich durchlüftete. Wir standen still da und wunderten uns, daß die Zeit verging und doch alles beim alten blieb. Wir mochten nicht auf den langen Marsch gehen, sondern bloß bis an die Ecke, wo uns die Jungsozialisten, der KB, der KBW, die SDAJ, die Jungdemokraten und die Junge Union »abholen« wollten, wie das damals hieß.

Wir waren umschwärmt, vielleicht weil alle Aktionisten merkten, daß sich ein riesiges Zeitloch auftat, das zwischen den sechziger Jahren und der Zukunft klaffen würde. Die Siebziger – sie schlossen direkt an die Fünfziger an wie das Farbfernsehen an das schwarzweiße.

Komisch, wir fanden keinen sonderlichen Gefallen daran, von Soziologen und Pädagogen als »sprachlose Opposition« umhegt zu werden, von unseren Eltern, Lehrern und Friseuren als irregeleitete »Aussteiger«, von sogenannten Politikern als Kommunisten und »Feinde der Demokratie«, von Kommunisten und anderen ordentlichen Menschen als »Anarchisten« und »wildgewordene Kleinbürger«, von Kleinbürgern als »arbeitsscheues Gesindel« und vom Gesindel als »Intellektuelle«.

Wir waren heimliche Objekte geheimer Begierde, die wir nicht kannten, weil wir nicht ins Kino und nicht »in die Politik« gingen, nicht an die Stammtische und in die Kirche. Wir hörten laut Musik.

Längst waren wir ins innere Exil gegangen.

Wir beobachteten lediglich interessiert, wie diese anderen versuchten, in einer Zeit der perfiden Starre das Leben zu meistern. Ihr Leben, das sie uns aufdrängen wollten.

Alex vom KB las auf dem Weg zur Universität in der Bahn immer die *Frankfurter Allgemeine Zeitung*. Er müsse doch wissen, »was der Klassenfeind denke«, sagte er zu unserer Beruhigung. Nach dem Studium des Bibliothekswesens wurde der AKW-Gegner dann Leiter der Bücherei in einem AKW. Immer das Ohr am Feind und am Atom. Aha, soso, dachten wir und tranken auf sein Wohl und unseres.

Mieke vom KB fertigte Dossiers über uns, die wir eines Abends zufällig entdeckten – sie mußte den »Genossen« Rechenschaft ablegen, was sie denn mit solchen »Chaoten« zu schaffen habe.

Kathrin heftete unsere neckenden Briefe mit der Mahnung, sie möge sich von ihrem langweiligen Lover trennen, unter »Unangenehme Korrespondenz« ab. Nun ist sie mit ihm verheiratet, hat Kinder – nur der KB ist nicht mehr.

Angela vom KBW hatte endlich »einen Mann« gefunden, der keiner Randale aus dem Weg ging – auch mit ihr nicht. Er schlug ihr die Vorderzähne aus und schwängerte sie. Sie war glücklich. Er soff.

Siegfried von den Anarchisten war die Sozialhilfe nicht genug, so daß er sich aus der Kasse der Grünen bediente. Anzeigen mochte den Schurken niemand.

Die üppige Karla rannte morgens gerne nackt durch die Wohngemeinschaft, was aber eher Nachbarn als uns zu früher Stunde in den Hausflur trieb, von wo sie den *Arbeiterkampf* müde hereinholte. Die Mitglieder mußten ihn kontingentweise abkaufen und morgens den Werktätigen vor den Betriebstoren andrehen. Auch wenn er teuer war, er wurde statt dessen in einer Seitenkammer der »WG« wohl verwahrt, bis alle Großabonnenten ausgezogen waren und die Nachmieter tagelang die Packen zu den noch seltenen Recycling-Tonnen schleppen mußten. »Glück gehabt«, sagte Anton noch, »ihr hättet mal meine Stapel *Wachttürme* sehn sollen, als ich ausgezogen bin.« Er war inzwischen der »transzendentalen Meditation« beigetreten. Die hatten weniger Schriftwerk und so traurige langhaarige Frauen, die ätherisch bis zum Asthmatischen aussahen.

Knut und Ralf hatten eine Kneipe aufgemacht, in der sich »die Szene« nächtens traf. Es war die bestbesuchte Kneipe der Stadt, Ralf trank bald nur noch Sekt, aber nie stimmte die Kasse, der Laden war ständig Pleite, obwohl der Umsatz boomte. Heute macht Ralf in Sekte, per Lichtdusche reinigt er seine Seele und den Körper. Die Sozialhilfe assistiert. Knut gibt den Steuerberater.

Martha habe sich in einen Schüler verliebt, der eine Lehre auf dem Bau anfangen wolle, hieß es.

Thorsten habe seit Monaten keinen Mitgliedsbeitrag mehr bei der SDAJ bezahlt und sei auch sonst »unsolidarisch«, wurde am »Info-Tisch« in der Fußgängerzone gestreut. Im »Freizeitzentrum« traf man ihn, wie er versunken das Radio lauter drehte, das die Entführung des Arbeitgeber-Präsidenten Hanns-Martin Schleyer meldete. Er freute sich weder klamm noch heimlich an diesem Feierabend. Die Tage als Fensterputzer waren trüb. Ein Kollege hatte beim Reinigen am Polizeihochhaus die Akte von Thorsten auf einem Schreibtisch liegen sehen – gewißlich wegen der ausstehenden Beiträge.

Die Tage waren still, auch wenn wir äußerlich barsten. Wir waren still, auch wenn wir laut demonstrierten. Morgens klopfte die Polizei an die Tür, wir hätten mit wild geklebten Plakaten gegen die Autobahn-»Ortsumgehung« mitten durch die Stadt der Stadtreinigung erheblichen Schaden zugefügt. Wir sollten sie »umgehend entfernen«, sonst müßten wir mit immensen Kosten und einer Anzeige rechnen. Wir haßten sie alle. *Das* war ganz »unpolitisch«.

»Was bist du für einer?« fragte Johannes mit der Gitarre, bevor wir in die samstägliche Diskothek der Gemeinde gingen. Er sei »Stalinist«. Wir lachten Tränen, aber es stimmte wohl sogar. Wir gingen danach gerne Bier trinken und phantasierten viel, wenn die kleine Studentenwohnung vor Gitanes-Qualm überquoll. Die »Weltrevolution« trat darüber nicht ein, nur ein »bürgernaher« Polizist, der bat, wir sollten die falsch geparkten »Karren« vor dem Haus wegfahren. Wir hatten nicht einmal Führerscheine.

Eines Abends gingen wir Tee trinken in einem Stadtteilladen. Backfische servierten ihn liebevoll mit Stövchen, lächelten uns innig zu und setzten sich zu uns an den Tisch. Schnell ging es zur Sache. Sie erzählten uns von ihrem Geliebten, einem langhaarigen Typen in Sandalen, den sie Jesus nannten. Der Tee schmeckte nicht.
Wir kannten die Broschüren sowieso schon, die das »flirty fishing« priesen – die Mädchen durften die »Menschenfischer« bei den Jesus-People spielen. Ein Titelbild liegt noch im Album der Siebziger: eine Frau aufs Kreuz geschlagen, die Beine breit auseinandergedrückt mit der eindringlichen Zeile »Laß dich nageln«. Uns war übel.

Die Stadt war klein, wenn man nur wenige Plätze hatte, an denen man sich traf; an der Schule, an der alten Kanone nahe dem Schützenplatz, beim ersten Griechen (der Jugendliche duldete, auch wenn sie nicht viel verzehrten). Die »Weltstadt«, wie sie sich nannte, wurde kleiner, wenn man sich immer irgendwo wiedertraf. Und je mehr man sich kannte, desto weniger Menschen kannten wir.

Dann kam der »sturmfreie« Abend bei Gertraut. Es waren wieder viel zu viele Jungen da, zuviel Bier und zu wenig Themen. Plötzlich lagen wir alle im elterlichen Ehebett und zogen Gertraut aus. Sie war kitzlig. Als das Höschen dran war, gingen wir. Es war zum Heulen. In der Illustrierten sahen wir sie dann wieder.

Die anderen, das hatten wir bei »unserem Kampf« um ein »selbstverwalte-

tes Jugendzentrum« beobachtet, waren vor der deutschen Provinzialität ins Ausland geflohen, im Geiste, in ihrer unbeschränkten »Solidarität« oder einfach auf Urlaub.
Sie schwärmten 1974 von der »Nelken-Revolution« in Portugal. Günther hatte sogar eine Frau von dort mitgebracht, und Werner wollte auch noch hin. Theo hatte dort billigen Wein »zur Unterstützung der Bauern« gekauft.
Wolfgang hatte nach dem Militärputsch 1973 einen Chilenen kennengelernt, der zum Glück noch nicht gefoltert worden war. Er war auf jeder Fete neugierig besichtigter Gast. Klaus hatte seine Bankerlehre hinter sich, trug nun keinen Schlips mehr und wollte 1979 Kaffee pflücken in Nicaragua.
Jens war mit dem Rad 1980 durch Südamerika gefahren und Brigitte mit einer kirchlichen Reisegruppe durch chinesische Kombinate und Luxushotels. Conny hatte sich in einen Anarchisten aus Bologna verknallt, obwohl sie gerade 1978 bei der »Aktionsanalytischen Organisation«, einer pseudo-psychologischen Jungschar, pleite ausgestiegen war. Einer ihrer »Bettgenossen« aus der WG reiste im Januar 1979 nach Persien ab, um »die Revolution gegen den Schah« zu unterstützen.
Es schien die Welt sich zu verändern. Nur Polen mit seinen streikenden Arbeitern gefiel niemandem so recht.

Was im Land nicht gelang, geschah im Ausland. Gewissermaßen stellvertretend. Undemokratische »Systeme« wurden »überwunden«, wie das im Klassenkampf-Kauderwelsch damals hieß. Diktatoren und Menschenschinder wurden aus Ländern gejagt, mit denen die Bundesrepublik gute und beste Beziehungen unterhielt.
Es gab gewiß Rückschläge wie den CIA-Putsch der Generale in Chile, nach dem die deutsche finanzielle Unterstützung und polizeiliche Zusammenarbeit wieder aufgenommen wurde. Aber es hieß – ganz wie im Zweiten Weltkrieg – bei den »Genossen« heldisch: »Was uns nicht kaputt macht, macht uns nur noch härter.« Als Durchführungserläuterung stand an Hauswänden zu lesen: »Macht kaputt, was Euch kaputt macht.« Auf Toiletten stand die Jugendweisheit: »Das Leben ist hart, so hart kann kein Schwanz sein.« Wir konnten uns keinen Reim darauf machen.

Eine ganze Generation war auf der Flucht vor dem eigenen, noch furchtbaren Land. In die Musik, in die Polit- und Psycho-Sekten, in die internationale Solidarität und in die Verzweif-

lung. Sie war schneller im Aufstecken, im »Aussteigen«, als die Generationen vor ihr.
Da bequemte sich erst im August 1978 der baden-württembergische Ministerpräsident Dr. Hans Filbinger mit dem mürrischen Satz aus seinem Amt »Was damals Recht war, kann heute nicht Unrecht sein«, nachdem ihm nachgewiesen wurde, daß er noch kurz vor Kriegsende als Marinerichter »Fahnenflüchtige« zum Tode verurteilt hatte. Und Menschen, die gegen die Folterer in Chile demonstrierten, wurden andererseits öffentlich beschimpft, sie sollten doch »rübergehen« in die DDR. Sie gehörten »an die Wand«, »ins Lager« – »Maschinengewehr reinhalten«. Franz-Josef Strauß, der dem Führer schon als Propaganda-Mann gedient hatte, schlug im Krisenstab während der Schleyer-Entführung 1977 – ganz der Alte – vor, stündlich einen RAF-Gefangenen zu erschießen. Die Menschen, die gegen Strauß im Wahlkampf 1980 mit SS-Runen an seinem Namensende demonstrierten, aber wurden über Jahre staatsanwaltlich schikaniert.
Nichts konnte solche Generationsgegensätze überwinden – kein »Marsch«, kein Schweigen, kein Opponieren.

Die »Republikflüchtlinge« aus diesem »goldenen Westen« gingen beispielsweise auch nach West-Berlin. Zwischen ihnen und ihren Eltern sollte mindestens die glorreiche Rote Armee, die echte, stehen.
Zudem wollten die jungen Männer nicht zur Bundeswehr. Warum sollten sie für dieses Land kämpfen, das nicht ihres war, warum für Ideen und Ideale sterben, die der Vergangenheit angehörten. Es entstand ein merkwürdiges Universum aus Träumern und solchen, die mit den Veränderungen im kleinen begannen, in der Inselstadt. Aber keine Landung auf der Erde.

Die Bundeswehr indessen verflüchtigte sich mehr und mehr unter Haarstatt unter Tarnnetzen. Längst wurde in der Öffentlichkeit mehr über unwürdige und teils willkürliche »Gewissensprüfung« für Kriegsdienstverweigerer diskutiert als über die ausgebliebene Demokratisierung der Armee, die sich immer frecher auf Traditionen der Reichswehr berief. Aber die »Langhaarigen«, die »Renitenten«, wurden wenigstens einmal staatlich »geschliffen« – sie sahen in Kampfanzügen mit Haarnetzen aus wie Oma im Hühnerstall. Der ganze Mann stand stramm. Es war zum Fürchten.

Überdies setzte sich die Dramatik der Rüstungseskalation ungebremst fort. Seit den fünfziger Jahren waren ständig Atomwaffen aus den USA und aus der UdSSR nach Deutschland geschafft worden. Die Kapazitäten in dem kleinen Land reichten aus, um die Erde mehrfach zu vernichten. Aber es sollten, so beschloß die NATO mit sozialdemokratischer Zustimmung im Dezember 1979, immer mehr werden. »Nachrüstung« war das militärische Totschlagwort ausgerechnet am Ende eines Jahrzehnts, das die politische Ost-West-Entspannung auf seine Fahnen geheftet hatte.

So gesehen, waren auch die Regierenden auf der Flucht vor Resignation. Ihre Außenpolitik überdeckte, daß sich im Land Eis ausbreitete, daß die Brüche immer größer wurden. Nicht weil drei Dutzend »Desperados« dem Staat den Krieg erklärt hatten, sondern weil sich rächte, daß schon in den fünfziger und sechziger Jahren jedes Gespräch zwischen den Generationen und zwischen den Geschlechtern fruchtlos in die alten Bahnen verlaufen war.

Die erste Generation der Nachkriegskinder stand verlassen auf der Straße, zwischen lärmenden Politikern des alten Schlages und geschwätzigen großen Geschwistern, die Leid und Verstrickung des Faschismus noch als Kinder miterlebt hatten.

Was uns blieb, waren nur Bilder. Bilder, die von großen Gefühlen und Authenzität handelten, von Leben und Liebe.

So eines war das Bild vom Kniefall eines alten Mannes. Es war das Bild von einer ungläubigen älteren Frau mit Strickmütze, Marianne Fritzen, die im März 1979 ängstlich durch feixende behelmte Polizistenreihen in Kampfuniform geht. Es waren Bilder von dröhnenden Hubschraubern, die im Mai 1980 wie in *Apocalypse Now* über der winzigen »Republik Freies Wendland« niedergingen, von Polizeibulldozern, die Holzhütten niederwalzten und Polizisten, die Menschen samt Bäumen fällten.

Es waren bewegende Bilder, die nichts bewegten.

Das Auftragen der Träume

Der Jugendkult der Siebziger als sozialmodischer Reformismus: Warum der Spiegel das wichtigste Symbol der Siebziger wurde

Und da waren die Bilder von jungen Menschen, die anders waren als die Bilder von ihnen im Kino und in den Köpfen der Politiker. Es waren eigenartige, fast ethnologische Bilder: von irgendwie Wilden, die einander zu lieben vorgaben. Born to be wild.

Im September 1970 waren die Medien voll von diesen Momentaufnahmen.
Sie zeigten beispielsweise Stammesbilder aus dem windigen Fehmarn. Jugendliche kampierten dort, dicht an dicht, auf aufgeweichten Wiesen – nicht wie die ordentlichen Urlauber sonst, sondern wie die Indianer. Sie spazierten sturmzerzaust am aufgewühlten Meer entlang, als sei es ein ritueller Tanz. Sie spielten beschwörend und beschwingt Blockflöte gegen das Windpfeifen an. So sah Frieden aus.
Abwesend lächelnde junge Frauen hatten ihren Auftritt inmitten einer geduldig wartenden Menge, deren Augen aber nur auf die gezimmerten leeren Bühnen irgendwo weit vorne gerichtet waren. Während eine umherschritt, wehte beiläufig der mit Kunstfell besetzte und bestickte Leder-Parka auf und entblößte wippende Brüste. Eine andere trug über der engen, mit bunten Blumen bedruckten Hose sowieso nichts. So sah Liebe aus.
Es war die erste und einzig lockende Legende des Jahrzehnts: Das »Fehmarn-Festival« im herbstlichen Norden wollte einen Hauch Hippie-Nation von Woodstock nach Burg auf Fehmarn, ins drögste Deutschland bringen.

Die musikalischen Heroen waren angekündigt – und einige kamen sogar. Jimi Hendrix hatte seinen letzten großen Auftritt, die Berliner »Polit-Rokker« »Ton Steine Scherben« ihren ersten.

Die Flensburger Versandhändlerin Beate Uhse hatte dies Unternehmen »Love and Peace Festival« gesponsert (obwohl das damals noch gar nicht so hieß) und einen Verkaufsbus mit »28 meistverkauften Produkten« am Ort plaziert.

Doch am Schluß interessierten nicht mehr die Idole oder die »Ehe-Hygiene-Artikel« – die Bühne brannte.

Die Veranstalter waren mit dem reichlich eingenommenen Geld geflohen und hatten die Pop-Fans sich selbst überlassen. Das Programm war nicht Liebe und Frieden, sondern Krawall über den Betrug.

Die Inseljugend am Rand der Republik war verkauft worden: erst als Eintrittszahler, denen fast nur leere Versprechen gemacht wurden – danach in den glitschigen Boulevard-Blättern, ausgebeutet als sexuelle Versprechung, Abziehbilder einer vermeintlich »neuen« Generation. Make money not love.

Wir erörterten die Katastrophe ausgiebig. Warum hatte »unser Woodstock« nicht geklappt? War die allgemeine Häme über den gar nicht so friedlichen Ausklang des Festivals berechtigt oder vorgeschoben? War es ein »Fehler des Systems«, daß Geld über Glück ging, und mußten wir von nun an alles selbst organisieren?

Es gab mindestens so viele Antworten wie neue Fragen. Für manch einen von uns verging darüber sogar das Jahrzehnt: immer mit einem Fuß im Ordnungsamt, mit einem Ohr bei Amateur-Bandmanagern, im Gespräch mit Polizeidirektoren und Jugendreferatsleitern, beim Verhandeln mit Bauern um Wiesen zum Parken und Campen und der Steuer um Stundung. *»Umsonst und draußen«* firmierten dann als Ergebnis dieses endlosen Marsches durch die Institutionen die Familienfeste, zu denen aus den entferntesten Winkeln der Republik in die abgelegensten getrampt wurde – wo dann der ganze Tag, von Musik »bedröhnt, volle Kanne«, mit der »Organisiererei« von Klopapier, Reisschalen mit Cashew-Nüssen und Kochbananen, Kopfnuß-Wein und trockenen Socken »draufging«.

Die Bands und die Fans vagabundierten durch die Lande, auf der ständigen Flucht vor Zuhause, wo alles noch »beschissener« war als die Büsche um den Festivalplatz.

Na also, sagte der langmähnige Redaktionsvolontär Michel Kröher später noch, dann leiht ihr euch bei Babsi in eurer WG den R4 und seht euch die Waldmenschen bei der Porta Westfalica an. Das war 1979, kurz vor Ende des Jahrzehnts.

Wir dachten nicht daran, setzten uns auf Rechnung der *Sounds* in den Intercity, 1. Klasse, dann ins Taxi über die Felder, hörten die Veteranen wie die Münchner Musiker-Kommune *Embryo* und merkwürdige Mucker, die sich *»Extrabreit«* nannten, in der matschigen Kiesgrube und traten den

Rückzug für immer an, wieder per Bundesbahn. In einer WG wohnten wir längst nicht mehr. Und schon bald würde das Kürzel »wg.« auch nur noch für »wegen« stehen: ein falscher Dativ für falsche »Spenden« an politische Parteien. Der Flick-Konzern-Majordomus Eberhard von Brauchitsch notierte sich diese »Pflege der politischen Landschaft« ins Büchlein. Ein Mann mit Vergangenheit für einen Konzern mit Vergangenheit, der sich Politiker kaufen konnte wie den daraufhin vorbestraften FDP-Chef Otto Graf Lambsdorff.

Die Ewigjungen hatten gegen die Ewiggestrigen gar keine Chance – sie konnten sich noch so sehr wie die Irgendwie-Wilden aufführen.

Und selbst das taten sie am Ende des Jahrzehnts, nach Fehmarn und nach Westfalen-Lippe als den Urgründen neuer deutscher Lebensart, kaum noch. Bloß die »Neue deutsche Welle« kam daher, ein musikalischer Misch-Masch mit ulkigen Texten.
Ganz allmählich hieß es: Born to be styled. Die Achtziger dämmerten.

Wir erinnerten uns. Da war doch diese akurate Rede von der jugendlichen »Subkultur« der Siebziger, der vermeintlichen »Gegenkultur«, gegen das hochsubventionierte Kulturdakkeltum.
Und 1980: Da waren plötzlich nur noch die »Popper« im Gespräch, die alle aussahen wie Friseure, und die »Yuppies«, die sich auch noch so benahmen. Es gab Hippies nur noch in der nostalgischen Phantasie. Es gab statt dessen Hipsters in den Medien der Achtziger – diese Obergescheiten waren das Gegenstück zu den Phantasten.

»Subkultur«, das war am Anfang der siebziger Jahre die zunächst irgendwie angenehm »revolutionär« klingende Chiffre für einen angeblichen »Freiraum« in der Gesellschaft. Das klang schon so halb nach »Untergrund« – nach »underground«, wie das Etikett der Platten-Industrie für eine bestimmte Musikrichtung, die »alles erlaubte«, auch schon lautete.

Andererseits empfanden wir uns gar nicht einmal so. Auch wenn wir uns gerne in jeder Hinsicht »nicht-kommerziell«, »alternativ« und sowieso »anti-Irgendwas« gaben.
Niemand ist gerne »Subkultur«, auch wenn er taubenblaue Schlaghosen und Palästinenser-Kopftücher zur matschbraunen Cord-Jacke trägt. Auch wenn sich in der »Subkultur« wie im finstersten Bayern ein wunderbarer und erst recht wunderlicher Slang sprechen ließ, so »irgendwie«, so »sowieso«, so »überhaupt« und so »genau«! Es wuselten die Verben, ey, wir menschelten im Kampf um Worte, echtu, und krampften mit Fühl- statt Füllwörtern. Es ließ sich auch herrlich »motzen«, wenn kaum jemand anderes als die Eingeweihten es »chekken« oder »schnallen« konnte.

Na, »Subkultur« klang jedenfalls auch reichlich kompakter als »Randgruppe«, die zweitliebste Verkleinerung und Verschiebung eines durch Vertagung und Umbenennung nur größer werdenden Problems.

Aber es drängte »die Jugend« (die tatsächlich bereits am Anfang des Jahrzehnts in viele Szenen wie Mods, Rokkers, Skins, Hard- und Schmuserokker zerdröselt war) eben auch noch sozialwissenschaftlich in *eine* gewünschte Nische: in eine schmuddelige Unterschublade des Großen Heiligen Karteikastens. Ordnung mußte sein, auch in der vermeintlichen Un-Ordnung. »Auf der Straße« randgrüppelten wir ohnehin schon. Doch Sozial-»Arbeiter« sannen noch, wie sie ihre Stelle als kommende »Street-Worker« sozio- und sonst gar nicht logisch beschreiben sollten.
»Jugendzentren« zur Verwahrung waren so gut wie zugesagt. Alles »easy«, alles überschaubar, alles vergänglich wie Gefrierkaffee. »Selbstverwaltung« war ohnehin »gebongt« für uns – das ehern »alternative« Gegenstück zur »Selbstbedienung«.

Vielleicht ging der ganze »Klimbim« auch gar nicht um uns, argwöhnten wir frühzeitig. Mit der nichts- und allessagenden Formel von der »Subkultur« wurden nämlich nicht Langhaarigkeit, »Urwaldmusik«, »Hasch« und »freie Liebe« kanalisiert in die allgemeinen Wirrnisse einer traumlosen Macher-Zeit, sondern – allerdings indirekt – die noch kaum »liberalisierte« Sexualität unselig verdrängt. Wieder in eine Ecke gestellt wie wir vorm Kino! »Alles Asche!« kommentierten wir Amateurchristen.

Denn die »Rebellion« der Jugendlichen hatte in den beiden vorangegangenen Jahrzehnten den unangenehm untrennbaren Zusammenhang mit der sexuellen Befreiung an und für sich gehabt. Sowieso. Wir brauchten uns doch bloß unsere älteren Geschwister anzusehen, die »alles anders machen« wollten und unseren Eltern immer ähnlicher wurden, vor denen sie uns gewarnt hatten.
In den Nachkriegsjahren der damaligen Bundesrepublik war Sex zwar noch kein öffentliches Thema gewesen, sondern zunächst der schwelende Generationenkonflikt zwischen den und dem Alten und der jugendlichen Sehnsucht nach dem Neuen, das nicht so erstarrt, sinnlich und lebendig war – eben die teils handfesten Auseinandersetzungen zwischen »Halbstarken« und Spießbürgern.
Aber der Mief der fünfziger Jahre wehte nicht nur unter den Talaren, sondern unter den Röcken hervor. Die Sechziger »thematisierten« dies einerseits endlich in der ihnen eigenen, weitschweifigen Art – allerdings zumeist im Zusammenhang mit Politik (sofern Oswalt Kolle nicht gerade mit neuentdeckten Weltwundern wie der »Frau, dem unbekannten Wesen« oder dem Ehemann eine Schweiflänge voraus lag).
Der andauernde Generationenkonflikt war damit in den Sechzigern auf die »gesellschaftliche Frage nach Macht und Ohnmacht« zugespitzt.
So aber war Sexualität nur mehr gerade mal eine »Funktion« innerhalb von übermächtigen »Herrschaftszu-

sammenhängen« – was auch nicht erotischer war als Konrad Adenauer.
In den Siebzigern zerfiel diese theoretisch sicherlich recht interessante, rein praktisch aber ganz und gar furchtbare Frontstellung zusehends: Der Generationenkonflikt schien achselzuckend der soziologischen Betonierung preisgegeben. Uns interessierte nicht einmal mehr, wer »unsere Alten« eigentlich waren und was sie alles »verbrochen« haben mochten.
Sex war nun nicht mehr »Diskussionsstoff«. Als sei längst alles darüber gesagt worden!

Schon gar nicht war es der Stoff, aus dem die Träume waren. Sex war plötzlich nur noch ein reportgerechter Konsumartikel – ein unerfüllter, aber langlebiger Traum wie der von der menschlichen Politik.

Diese käufliche Sexualität hatte allerdings »Jugendlichkeit« als neues Markenzeichen angeheftet bekommen.
Wir glaubten das sogar: daß die Liebe den Jungen gehörte, daß Sex die jugendliche Emphase brauchte.

Wir hätten es besser wissen müssen: »Den Generationenkonflikt« gab es nach wie vor – wie Rosy Rosy, die nicht in Rosy-Reizwäsche herumlaufen wollte.

Es klang eben nur zurückhaltender: »Die Alten« bestimmten selbstherrlich und gutdeutsch, was »Kultur« war und was »Subkultur«, was »frühreif« war und was demnach reife Sexualität sein sollte. »Die Alten« spiegelten sich in

einem zusammenphantasierten Vexierbild von den Jungen. Sex, der ihnen moralisch verwehrt war, wurde der »unmoralischen« ungestümen Jugend angedichtet, um sich wenigstens daran erregen zu können – wie auch immer.
Dies war weitaus mehr als nur eine weitere Variante der »bürgerlichen Doppelmoral«.
Ließ es sich in den fünfziger Jahren mit der verklemmten Vorstellung leben, man habe schon dadurch an der Lockerung der Sitten teil, daß man sich im *Playboy* leidlich unkeusche Bildchen besah, die auch heimlich von der Nachbarin hätten geschossen werden können, so galt in den Sechzigern nachgerade das Gegenteil: Die Träume waren desto besser, je unerreichbarer sie wurden. Idole wie Marilyn Monroe, Gina Lollobrigida, Sophia

Loren, Jane Fonda oder Anita Ekberg versprühten in mehr oder minder feiner Dosierung Sex wie ein Deo-Spray. Niemand mußte Angst haben, sie zu treffen, während eine U-Bahn ihren Rock verführerisch bis übers Höschen hochpustete. Aber Angst mußte man haben, daß die Nachbarn fragten, wie es denn so gehe im Bett. Der Durchschnittsbürger überantwortete in den Sechzigern seine »sexuelle Befreiung« ausschließlich Fachleuten: »Aufklärer« vom Schlage eines Oswalt Kolle oder eines »Kommunarden« vom Schlafe eines Rainer Langhans. Aus einer Nation der scheuen Voyeure waren mäßig lernfreudige Sex-Schüler geworden.
In den Siebzigern drehte sich dies wiederum um: Die Sex-Schüler – das waren Jugendliche wie aus der Nachbarschaft, denen man dabei zusehen konnte, nicht »Sexgöttinnen«, sondern »Schulmädchen«. Nicht Hollywood gab den Rahmen für Obsessionen, sondern Woodstock.

Das war mehr als ein nur modischer Wechsel. »No time for love« stand auf den Loren der Trümmerfrauen, die den Schutt des Krieges beseitigten. »Wer zweimal mit derselben pennt, gehört schon zum Establishment«, hieß es dann satt in den Sechzigern, als die »Unwirtlichkeit der Städte« beklagt wurde. Und als die Städte in den Siebzigern zu Reihengruften umplaniert wurden, war schon wieder der Krieg das bestimmende Thema: »Make love, not war.«

Freilich war diese gesellschaftliche Kreisbewegung am ehesten in den Moden erkennbar, die das Leben dekorierten. So gesehen war Politik – schwarz wie rot, grau in Grau – auch nur eine Art Subkultur der wechselnden Moden. Zwischen »Mache alles mit« und »Mehr Demokratie wagen!« lag eine eigenartige Zone der angepaßten Verweigerung und ein sozialmodischer Realismus statt eines sozialdemokratischen Reformismus.

Der Kult des Ewigjungen in den Siebzigern, der unvergänglichen Schönheit und der »jugendlichen Frische« war andererseits nämlich nur die Stilisierung der Änderungslosigkeit der sechziger Jahre.

Der Spiegel war das wichtigste Symbol der siebziger Jahre geworden – auch bei den Politikern, die anerkannten, um anerkannt zu werden, die Reformen vorspiegelten, wo Mogelpakkungen gemeint waren. Wir besahen ungläubig Gertraut, neben der wir im Bett gelegen hatten.
Die Angst vorm Altern – wir waren zu jung, um es damals zu fühlen – ging weit über den vordergründigen Verlust der eigenen Sexualität hinaus, die wie ein Kapitulationszugeständnis »den Jugendlichen« das Kopulationszugeständnis geradezu aufnötigte.
Jean Baudrillard machte 1983 einen inzwischen »alles« beherrschenden »Zwang zur Hygiene« in einer sich »endzeitlich« verstehenden Kultur aus, der dem Leben den Tod auszutreiben suche. Institutionen wie Lebensversicherungen oder Gesundheitsministerien verkörperten gesell-

schaftlich »autorisierte Tode«. Baudrillard kennzeichnete dieses widersinnige Sozialverhalten als »rituelle Sarkophagie«.

Seine Vorform hatte dieser »Zwang« in der erneuten Verdrängung einer aufgeklärten Geschlechtlichkeit nach den Sechzigern, in der Rückkehr der alten Männer und ihrer vorgeblichen Tugendhaftigkeit.

So wurde auch das eigentümliche, ausbeutbare Mißverhältnis zwischen der andauernden Entmündigung der Jugend und ihrer vermeintlichen »Frühreife« geprägt, zwischen »Bürgerbeteiligungsforderungen« und vermehrten »Sachzwängen« und Gängelungen, zwischen »Offenheit« in der sexuellen Darstellung und der ausbleibenden Öffnung für das Sexuelle.

Nur so konnten sinnliche Widersprüche wie beiläufig immer »neu« verkleidet werden – wie Mädchen, die heute Blümchenkleider ihrer Mütter auftragen, wie Jungen in zerrissenen Jeans, die sich heute nach Woodstock sehnen und für Wallstreet pauken.
Das Äußere überdeckte das Innere – schon damals. Jugend hatte in der Politik nichts zu sagen, galt aber gleichzeitig gesellschaftlich als »Leitbild«.
Das Contest-Institut in Köln ermittelte 1972, daß 54% der Männer über 30 »in ihren Familien das Thema Mode häufig gemeinsam mit Jugendlichen« besprachen. »Dabei möchte jeder vierte Mann ganz besonders die Meinung der jüngeren Jahrgänge zu diesem Thema hören«, faßte der *Blick durch die Wirtschaft* zusammen. »27% der über 30 Jahre alten Männer besitzen Kleidungsstücke, die entweder in Begleitung mit einem Jugendlichen gekauft oder von Jugendlichen empfohlen worden sind. Vielfach wurde ein Kleidungsstück aber auch deshalb erstanden, weil etwas Ähnliches bei einem Jugendlichen gefallen hat.«

Die Dorian Grays geisterten durch Politik und Städte, sie spähten neidvoll auf die Hippies und deren Vergötterung des Augenblicks, der wie ein Versprechen ewiger Jugend wirkte. Die Zeit anhalten können! Sie röchelten »Reform« und »Sanierung« – am Ende kamen dabei Reformhaus und sanierungsreife Baukonzerne heraus. Egal wie: Es ließ sich gut Geschäfte machen. Auch wenn das Wehklagen über Rezession und »Aussteigertum« wie Beethovens Fünfte über der Republik grollte.
Allein zwischen fünf und sechs Milliarden Mark gaben Jugendliche jährlich für »jugendliche« Klamotten aus, die sie in »Pop Shops«, »Young Fashion« – oder ähnlich genannten Abteilungen der Kaufhäuser erstanden; »avantgardistisch« gab sich die Mode oder gar »progressiv«. Von den Alten, die »mithielten«, ganz zu schweigen. Die bekamen ihre Bürgerbeteiligung am Belanglosen teuer mit.

Und was das für Mode war!
Man mußte schon beide blauen Lidstriche nachziehen, um effektvoll zu dem bunten Treiben blinzeln zu können. Verstehen konnte man die Narrheiten dann immer noch nicht. So war

Sex irgendwie »in Mode«. Es wurde notdürftig stilisiert, was nicht wirklich stattfand. Waren waren erst nachträglich »das Wahre«, wenn sie von der eigenen redseligen, aber nicht redlichen Ästhetik der Siebziger zum Schmuckstück umgenäht wurden.

Einen Hauch von »sexueller Revolution« hatte nun beispielsweise weniger das Entblößen wie beim noch gängigen Mini-Rock der Sechziger. Im Gegenteil erschloß die Bedeckung eine neue Erotik: Die zunächst als »gewöhnlich« empfundenen »Nietenhosen« bedeckten Männer- wie Frauenbeine gleichermaßen. Von »Androgynität« und »weiblicher Emanzipation« zu sprechen lag bei der unisexuellen Form allerdings lediglich vom Schnittmuster nahe.

Es war schlechthin das Jahrzehnt der Jeans. Die *Levis*-Werbung bildete nicht nur ab, wie sich die Jugend fühlte – sondern vor allem, wie sie sich zu fühlen hatte und dabei aussehen sollte.

Auch andere Images gingen über die nahen Träume dieser Tage hinaus. Die zeitgleich zur Jeans verbreiteten längeren Rocksäume – die Midi- und Maximode – spielten mit der überlieferten Optik, mit dem Image von der keuschen, aber aufgeklärten Frau.

Hinzu kam in den siebziger Jahren ein eigentümlicher, folkloristischer »touch«, beispielsweise der »Indian Look« mit gewickelten langen durchscheinenden Röcken. Das Ferne, die Fremde der Muster, war in dieser Mode verführerischer als das Wehen des Rockes um die Beine. Der Körper bekam so eine fernöstliche »Transzendenz« – ein geheimnisvolles Versprechen von Verwandlung und überirdischer Erfüllung, mit einem Hauch Patchouli und Henna im Haar scheinbar ein umfassender Abschied vom konservativen Mief.

Es waren ansonsten nicht eben die geschmackvollsten Kreationen, die das Gesicht einer Generation bestimmten. Als wollten sie nicht im Ansehen ihrer Bekannten, sondern in die Bolzer-Kreisliga aufsteigen, trugen Männer am liebsten pastellfarbene Leibchen mit weißen Schnürbändern gen Hals. Frauen ließen diese gerne figurbetont offenstehen. Der tiefe Blick der Buben war indessen zumeist durch üppige Batikmuster sinnlos abgelenkt.

Die Mode der Siebziger war vor allem eines: billig. Denn nicht der Stoff oder der Schnitt zählten, sondern die Idee, das Dabeisein, das Auftragen von Träumen. Ob es der fernöstliche »look« war oder »der letzte Schrei« angeblich aus der Londoner Carnaby Street – es sah alles nach Trödel und Tand aus.
Dabei war die eigentliche Mode ironischerweise doch die erklärte Nicht-Mode. Man trug Armut. Je proletarischer und lumpiger – desto authentischer und wilder.
Viele junge Männer fühlten sich eher zum Blaumann der »Genossen« an der Werkbank hingezogen als zur durchsichtigen Rüschenbluse der »girls« im sonntäglichen Twen Club der Gemeinde.
Man lebte vorgeblich ja auf »leichtem Fuß«. Neben betäubenden Turnschuhen waren Holzpantinen wie bei holländischen Salatbauern ein beliebtes Fortbewegungsmittel. Man trug dazu gerne Flanellhemden wie der gemeine Arbeitsmensch, kombiniert mit Schlaghosen à la Wetterfahne oder gar gleich derbe Zimmermannskluft.
Die erste Generation der »Alternativen« versuchte des weiteren ihr intellektuelles und geschmackliches Niveau durch Plateausohlen zu heben.

Das hatte genau die gegenteiligen und gleichwohl schlichten Gründe wie bei der erwähnten Kreisbewegung der »erwachsenen« Träume, den unerfüllten Vorstellungen vom Leben und der Liebe.
Alles war in den Sechzigern ja auch Politik. Selbst Politik. Nun war Politik nichts mehr. Nicht einmal Politik. Schon gar nicht Sex.
Politik war allenfalls Mode. Man »war« politisch. Man trug einen roten Stern am Revers – auch gerne einen schwarzen, wenn man nicht so genau wußte, wo es langging.
Politik sollte bunter werden. Es war »Politik«, die keine war. Alles mögliche wurde nun als »Politik« angesehen: das Fest auf der Straße und die Bierkasse in der Wohngemeinschaft, aus deren seltenem Überschuß der Druck von Flugblättern für das nächste Straßenfest finanziert wurde.
Ganze Wohngemeinschaften warben nicht mehr mit rotem Kopf für »freie Partnerwahl«, sondern mit »rotem Knopf« am Hemd für Willys Wahl. Sie warben für den »roten Punkt«, nicht

für den G-Punkt. Wenn der »öffentliche Nahverkehr« ihr Thema war, dann hatte das nichts mehr mit der Formel »Sex in die Öffenlichkeit« der Sechziger zu tun.

Vom »Bullenterror« zum »Kälberhormonskandal« war es nur einen alternativen Stammtisch weit, das »Stadtteilfest« variierte fröhlich das Blockwart-Prinzip, die Fußgängerzone war nach einer Fußreflexzone so modisch »intensiv« wie die »vibrations« beim »Abrocken«.
Wenn manche Männer sich nur noch um »glückliche Hühner« sorgten, ging das Gespräch zumeist »voll auf die Eier«. Anarchisten wandelten sich zunehmend in Anachronisten, die Akkerbau der »action« vorzogen. Es galt gegen Ende des Jahrzehnts als »angesagt«, Vegetarier statt Proletarier als Freunde zu haben.

Die »Subkultur« führte sich dabei als vermeintliche »Alternativkultur« auf und vor – als »Revolution im kleinen.«
Je »basisnäher« sich die »Alternativkultur« allerdings gerierte, desto miefiger wurde sie: Die »Alternativöffentlichkeit« schrumpfte auf das Format der »Stadtmagazine«, der Kampf um Meinungsfreiheit fand Ausdruck auf dem »Meinungsknopf«.
Zwar war der obligatorische »Info-Tisch« der Siebziger ein Schritt weg von der bürgerlichen Privatheit des Nierentisches. Aber zwischen der verselbständigten »Bürgerinitiative« und Bürgerwehr lag in manchen Fällen nur noch ein recht feingeistiger Unterschied.

Die verständliche Heimeligkeit und Gefühlsduselei der politisch wie sexuell Frustrierten im Kalten Krieg nach außen wie innen zeitigte unfreiwillig ein kaschiertes Comeback der Spießigkeit: »Das Dorf«, »der Kiez« wurden nicht zufällig Chiffren eines geradezu bockigen Anti-Modernismus, der »Fußläufigkeit« der Weltläufigkeit vorzog, dem »Stadtteilidentität« vor metropoler Mulitkultur ging.
»Die Frustrationen«, auch so ein Lieblingswort der Siebziger, wirkten gleichzeitig wie ein Stimulans. Es ließ sich gut leiden in einem Land, das der Jugend nur im Softsex nennenswerten Raum gab. »Du hast keine Chance – nutze sie« wurde an Wände gepinselt, gegen die dann mit dem Kopf angerannt wurde. »No future« feierten, sinnlos von sich besoffen, diejenigen, die trotz oder gerade wegen ihrer Aggressivität ausgerechnet denen ungeahnt nahe waren, die immer wieder »no past« gewollt hatten.

Gegen Ende des Jahrzehnts »entdeckte« der Hannoveraner Pädagoge Thomas Ziehe für die Illustrierte *stern* und einige kopfschüttelnde Kollegen auch noch eine neue Spezies der Siebziger: den »NST« – den »narzißtischen Sozialisationstyp«.
Eine ganze Generation, die der Siebziger, sei lediglich selbstverliebt, verspielt in der eigenen Nabelschau. Voll geil, ey, dachten wir noch. Der Typ is gut drauf.
Wir amüsierten uns. Es paßten zu vielen Beobachtungen, die uns unsere Beobachter nahelegten! Doch was sagten sie?

Wir wußten es nicht. Aber nach den Nein-Sagern der Sechziger kamen nun wohl tatsächlich allmählich immer mehr Ich-Sager.
Noch sehr sanft anfangs – wie die »Softies«, jene bedrängte Mannsgattung, die so sein wollte, wie machismo-müde Frauen sie nun auch wieder nicht haben wollten.
»Man« war ganz allgemein, rundum und zu jeder Zeit auf der »Selbstfindung« und wollte nicht zugeben, daß sich ein jeder längst so liebte, wie er eh schon war.

Es bedurfte allenthalben eines besonderen Vokabulars, um das anmaßend bescheiden wie auch unabweisbar auszudrücken, so unpräzise und sozio-logisch wie möglich, pseudopsychologisch bis zum Pathologischen.

Das erotische Schmollen der Sechziger – wie das der Bardot – hatte sich zu einem selbstverliebten Dauerschmollen versteinert. Aber die Mode verkaufte es als Make-up der Macher – Kosmetik als Kommunikationsersatz und Mumifizierung. Es staubte im Land, es stürmte am Festival-Strand, die Siebziger tanzten sich selbst auf der Nase herum.

»Du bist anders als die andern«, knödelte Peter Maffay 1970. Nur wie?
Wir wußten es nicht. *Darum* standen wir auf der Straße und redeten und redeten.
Auch wenn wir es am Ende des Jahrzehnts besser wußten: vom »piessich« bis zum spießig war oft nur ein Ring mehr nötig – nicht modisch am Ohre, sondern altmodisch Amore, der Ring an jenem Finger, »der die ganze Hand bedeutet«.

Es war doch eine schöne Vorstellung gewesen, irgendwie »anders« zu sein. Aber wie aufgeklärt war »die Jugend« nun eigentlich?
Wir wollten es damals schon nicht wahrhaben, niemand wollte es seinerzeit wissen, und auch die Legendenbildung bleibt davon unzerkratzt: nicht mehr als andere zuvor. Schon 1968, im Jahr des Studentenprotestes, meinten 42% der Jugendlichen in der Umfrage »Jugend und Demokratie«:
»Der deutsche Arbeiter soll wieder arbeiten, damit wir die Gastarbeiter nach Hause schicken können.«
Diese Auffassung änderte sich nicht gerade zum Positiven mit der dauerhaften Weltwirtschaftskrise ab Mitte der Siebziger. Bloß die Haare wurden kürzer – nur die Skins, Modeerscheinung der Siebziger, behielten auch in den Achtzigern mehr Haare als Verstand.

»Die Jugend« war eben nicht wegen ihrer sexuellen Potenz fetischisiert worden, sondern wegen ihrer Kaufkraft. Während gegen Ende der fünfziger Jahre Jugendliche zwischen 14 und 24 Jahren in der damaligen Bundesrepublik Deutschland lediglich 12 Milliarden DM ausgaben, waren es zu Beginn der Siebziger bereits über zwanzig Milliarden DM.
Ein 14jähriger konnte 1968 durchschnittlich 18,10 DM im Monat ausgeben, ein 18jähriger 152,- und ein

24jähriger 240,- DM. In den siebziger Jahren stieg die Kaufkraft rasch, sie wurde kanalisiert im neuen Pop-Geschäft: mit Musik, Mode und Diskotheken.

Alle drei hatten nur *eine* scheinbar käufliche Verheißung: Sex! Die 1500 »Discos« am Anfang der Siebziger waren auch bis in die hinterste Provinz verstreute Kontakthöfe, die sechzigtausend Musikboxen mit jährlich 20 Millionen gespielten Musiktiteln lieferten auch den Soundtrack für Anmache.

Doch änderten sie nichts, sie verpackten Sex lediglich – er war nicht mehr nackt von den moralischen Nackenschlägen wie in den Fünfzigern oder entblößt von einer neurotischen »Aufklärungswelle« wie in den Sechzigern. Musik »befreite« nicht mehr wie der Rock 'n' Roll der Fünziger oder »erweiterte das Bewußtsein« wie die gegen Ende der Sechziger aufkommende »psychedelische Musik« – Musik ersetzte die »Befreiung«. *Power to the People* von John Lennon dröhnte aus den Lautsprecherboxen während Mädchenleiber mit ondulierten Lokken und in engsten Hot pants im blitzenden Stroboskop-Gewitter zuckten. Der Jugend war ihre Jugendlichkeit abgekauft worden – sie konnte dafür »Sex« kaufen, der keiner war.

Hieß es in den Sechzigern noch, die Kinder sollten »die Urwaldmusik« leiser drehen, so war ihr Kopf nun – Wunder der Chemie und der Onduliertechnik! – wie selbstverständlich voll »Afrokrause«, auch wenn die Gisela und der Tom sonst eigentlich fettiges und fippsiges Langhaar hatten.

Die brave *Bravo* hatte mit Home stories von Stars und Sternchen, der Pubertätssprechstunde des »Dr. Sommer« und dem »Star-Schnitt« inzwischen die Millionenauflage erreicht, annähernd 2,7 Millionen Jugendliche lasen das Münchner Pickelblatt. Was nützte da, daß der Journalist Günter Wallraff, getarnt als *Bild*-Lokalreporter Hans Esser, im Oktober 1977 über das »Lügenblatt« aufklärte. Er kam für die politische »68er-Generation« zehn Jahre zu spät und für die unpolitischen Siebziger zehn Jahre zu früh.

Die Protagonisten der Pop-Kultur kamen zwar aus derselben Generation wie ihre Hörer – im Unterschied zu den Schlager-Onkels. Sie besangen dieselben Erfahrungen wie die der Hörer – nicht Schmus und Schicksal, sondern Liebeskummer und Geilheit. Doch wer verstand diese neue Botschaft in Deutschland?

Was blieb, waren nur Bilder.

Bilder, die von großen Gefühlen und Authentizität handelten, von der Landung auf der Erde. Solche Bilder wie die vom Geschlechtsakt eines Gitarristen mit seinem Instrument auf Fehmarn. Bilder von Brüsten, die die brüchige Unschuld von Freikörperkultur ausstrahlten.

Es waren Bilder, die ausgerechnet diejenigen schnell vergaßen, die darauf zu sehen waren.

Der große Unterschied und seine kleinen Folgen

Die Frauenbewegung der Siebziger als lebensreformerischer Opportunismus: Warum das Spekulum das dümmste Symbol der Siebziger wurde

Und merkwürdig. Da waren unendlich viele Fotos von Frauen. Nackt bis aufs Schamhaar. »Scharf wie Nachbars Lumpi«, sagte man damals dazu.

Lumpi bellte bestenfalls – diese nackten Frauen aber katzten.

Viel bloßgelegtes Schamhaar, aber auch viel versteckte Scham war zu besichtigen, keineswegs scharf, aber Hochglanz – Bilder einer Vorstellung im doppelten Sinn.

Denn hinter all dem Fleisch waren die Frauen am schwierigsten auszumachen.
Wer kannte Gundula mit ihrem herzlosen Bubenspiel? Wer – außer der Spiegel an der Wand – sah Gertraut als Frau im Land? Wer war die Lady Godiva mit ihrem Ritt gegen die Männerwelt wirklich?
Die Wünsche an der Oberfläche der Bilder kreischten – sie brauchten keine wirklichen Frauen, sondern nur deren Abbild. Es waren »Projektionen«, wie man in den Sechzigern gesagt hätte, Spiegelungen verdrängter Wünsche auf andere und anderes.

Es war allerdings eine derb bildhafte Vorstellung: wie Frauen zu sein hatten – jederzeit aufschlagbar, ungeschützt nackt verfügbar. Die Bilder vermittelten dabei die vordergründige Vorstellung, diese Frauen zeigten selbstbewußt und mit ihren Reizen spielend ihren Körper. Die Sexualität des Betrachters schien beim Bildchengukken keine Vorstellung wert zu sein. So war es wohl.

Da gab es in der Flut der Fotos auf und in Illustrierten, dem Hauptmedium der neuen Nacktheit, kaum mehr als zwei, die eine eigene Bedeutung hatten: Sie liegen im Album wie der *stern*-Titel mit den Hitler-Tagebüchern und der darauffolgende mit ebenso hastigem Widerruf, daß man die Geschichte nun doch nicht umschreiben müsse, sondern nur die Illustriertengeschichte.

Ein *stern*-Titelbild im Juni 1971 zeigte ausnahmsweise nur Köpfe von Frauen, etwas mehr als briefmarkengroß. Bekannte Gesichter waren darunter wie Senta Berger, die ihren nackten Hintern der Männerwelt in *Als die Frauen noch Schwänze trugen* zugekehrt hatte, Romy Schneider, die nach ihrer Filmprinzessinnenzeit als *Sissy* immer mehr Obsessionen in Straps und Dessous auf die Leinwand brachte, Helga Anders, die in Autorenfilmen die nackte, aber gefährliche Unschuld verkörperte, Veruschka von Lehndorff, das edle Model, das in den Sechzigern ihren entkleideten Körper fotografisch pop-artig mit einer Umgebung verschmolz. Sie alle legten gemeinsam mit der Kabarettistin Ursula Noack, mit Vera Tschechowa und Sabine Sinjen und hunderten unbekannten Frauen das Letzte ab: ein Geständnis. »Wir haben abgetrieben!«, lautete die Schlagzeile, als hätten nicht längst alle gewußt, daß das Abtreibungsverbot nur auf dem Papier stand. »374 deutsche Frauen«, so das typisch deutsche Magazin, »erklären öffentlich« gegen den § 218 verstoßen zu haben. Es war ein selbstbewußter, kalkulierter Eklat: Würden die Gerichte die Verfolgung aufnehmen?
Sie taten es erst zwei Jahrzehnte später, als Frauen in dem bayrischen Ort Memmingen nervlich zerrüttet sich ebenfalls bekannt hatten.
Wie ein Fahndungsplakat hing die Selbstanklage 1971 an den Kiosken. Wir schlichen drumherum und wunderten uns über diese intime Preisgabe.

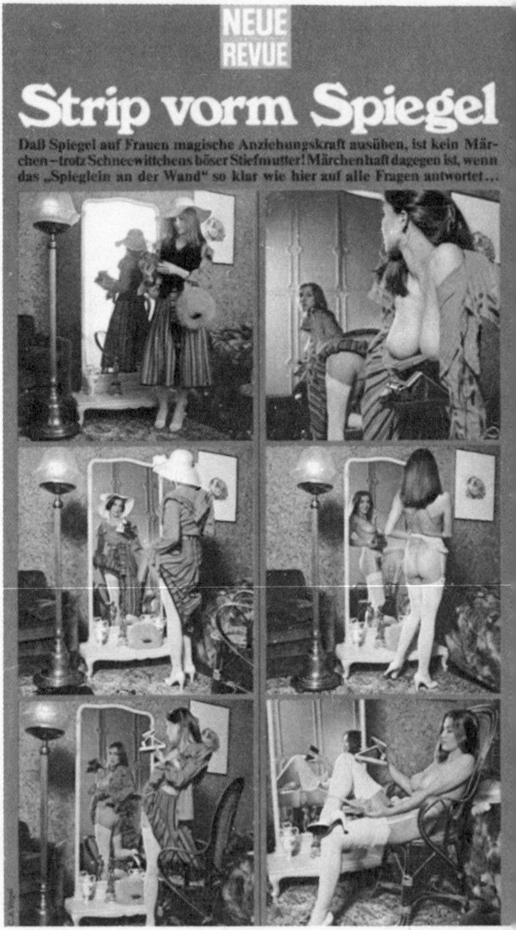

Das andere Bild im Album der Siebziger zeigt einen kargen Saal im Hamburger Landgericht. Dort wiesen die Schwarzroben am 26. Juli 1978 würdenreich die »Sexismus«-Klage von Alice Schwarzer, Inge Meysel, Erika Pluhar und anderen deutschen Frauen gegen eben das Magazin *stern* ab. Die sahen ihre Würde verletzt durch die andauernde Abbildung von Busen auf und in dem Blatt – Frauen waren nur beliebig verfügbares Beiwerk für die sich sonst seriös gerierenden Magazinmacher. Henri Nannen gab sich nonchalant, aber uneinsichtig – wäre er nur damals und nicht erst nach den »Hitler-Tagebüchern« aufs Altenteil gegangen.

Da standen die Klagefrauen, nachsichtig belächelt, gerichtlich geohrfeigt und in den gierigen Medien als »Schranzen« beziehungsweise »Emanzen« abgekanzelt. Und wir standen an der Ecke.

Genau zwischen beiden Bildern liegen all die Abertausende anderer Bilder, die Frauen als nackte Körper ausstellten, ohne sie als Mensch zu zeigen.
Nicht einmal ein Jahrzehnt lag zwischen dem befreienden Bekenntnis, dem Anrennen gegen die verlogene Moral, und dem Freigeben der niederen Instinkte, dem Bekenntnis zur Doppelmoral.
Abtreibung blieb der Frau verboten, aber die Frau als jederzeit verfügbares Lustobjekt blieb erlaubt.

Wir waren zu jung, um die Tragik hinter diesem Treiben zu begreifen. Noch waren unsere Freundinnen nicht schwanger geworden, noch neckten Schulmädchen, als sei die Liebe ein Spiel und nicht eine dämliche B-Film-Inszenierung.
Doch da dachten »die Alten« anders. Da kann man mal sehen, sagte Eberhard, der Vorarbeiter beim Schulferienjob, was das für billige Flittchen sind. Abtreiben – das war Sünde, »selbstverständlich«. Da kann man mal sehen, sagte Gerdchen von der Zeitarbeitsfirma in den Semesterferien, was das für frustrierte Zicken sind. Durchbumsen – das war »selbstverständlich« die »Therapie«, bis »die nich' mehr wissen, ob sie Männchen oder Weibchen sind«.

Erst langsam begriffen wir, daß es tatsächlich darum ging: Die Männchen hatten noch nicht begriffen, daß ihre letzten Sicherungen völlig durchgebumst waren, daß zwei zur Fortpflanzung gehörten, aber die Frau mit der Abtreibung alleinblieb. Verhütungsmittel? Frauensache. Präservative? Versündigung am Lustgewinn.

Wir waren in der Schule als Folge der Sechziger zwar leidlich »aufgeklärt« worden, biologisch, aber hatten dies noch nicht verstanden, männer- und frauen-logisch. Ebensowenig wie diejenigen voller Abscheu am Anfang des Jahrzehnts und die voller Häme am Ende.

Die Bilder gehörten zusammen.
Sie gehörten sogar zu unseren liebenswerten Hippie-Träumen: »Make love« – aber bitte mannstoll und ohne Folgen. »Not war« – höchstens gegen Frauen, die »den Spaß« verderben wollten.
Die Siebziger waren keineswegs *das* Jahrzehnt der sexuellen Befreiung, nachdem die »sexuelle Revolution« in den Sechzigern nur proklamiert wor-

den war – auch wenn die Fülle der Freizügigkeiten und Fiktionen im Kino, die kleinen Reformen und das Lokkern der Repressionen dies nahezulegen schienen.
Es war im Gegenteil das Jahrzehnt der versuchten Versklavung der Frauen, des beinah kriegerischen Angriffs gegen ein ganzes Geschlecht.
Das mochten wir damals nicht so sehen. Die Frauen wurden doch ebenso getäuscht wie wir Jugendlichen. Mit falschen Versprechungen an der Nase herumgeführt und im Dunkeln hintergangen.

Aber verschreckt reagierten wir auf die ersten »Frauengruppen«, verstört durchlebten wir die ersten »durchdiskutierten Nächte«.
Wir waren fassungslos, daß ausgerechnet *wir* uns ändern sollten – nicht zuerst einmal die Raincoat people, nicht erst die alten Zauseln, die das Abtreibungsverbot nicht aufheben wollten.
Wir waren »betroffen« und gaben uns auch so, echtu, original. Wie sehr es auch uns betraf, haben viele bis heute nicht verstanden. Nicht einmal alle Frauen.

Dabei braucht man bloß im Fotoalbum der Siebziger zu blättern. Wer zurückblickt, erschrickt unwillkürlich über die im doppelten Sinne schier unübersehbare Verachtung und Gnadenlosigkeit der geschmacklosen Triebbefriedigung.

Längst hatte das Zeigen nackter Körper nichts mehr mit »Befreiung« zu tun. Intimität in *die* Öffentlichkeit, hatte die Studentenbewegung in den Sechzigern gefordert. Aber Intimität in *der* Öffentlichkeit war keine Intimität mehr – nicht einmal Öffentlichkeit.

Als Anfang der Siebziger sogar bei sich links verstehenden Blattmachern die Idee aufkam, »private« Fotos der Leser zu veröffentlichen, schien beispielsweise die Auflagensteigerung der anfänglich subversiven *St. Pauli Nachrichten* nicht mehr zu bremsen: 1970 erschien das schülerzeitungsähnliche Blatt plötzlich in 700000 Exemplaren. Ungläubige Journalisten seriöser Zeitungen und Zeitschriften kamen immer wieder zu amüsierten Besichtigungen in die chaotische Laienredaktion. Andere erwarben sich zwischen Aktbildern korpulenter Herren und rundlicher Liebchen erste »journalistische« Meriten, so Henryk M. Broder, Karl Dall und Stefan Aust.

Nacktheit versprach Kasse. Da verkaufte sich jegliche Befreiungsideologie gut und gerne, auch wenn man kein Linker war. Auch wenn »Freiheit« ein angstbesetztes Reizwort war wie »Demokratie«. Noch hatte die Werbung den Begriff nicht umgedeutet für ihre Produkte.

Mit der vorgeblichen »sexuellen Freiheit« wurden in den Siebzigern die größten Umsatzsteigerungen in einer ansonsten stagnierenden Wirtschaft erzielt.
Bereits zwischen 1968 und 1970 überschwemmte sogenannte »Groschenpornographie« die damalige Bundes-

republik, zumeist Variationen bereits gängiger Produkte wie die Heftchenreihe *Callgirl 2000*, die »Sex, Krimi, Action« bot, oder billig hingezeichnete, gewalttätige Sex-Comics. Der Markt erreichte bis 1971 einen Umsatz von jährlich an die 400 Millionen DM.

»Das ist nicht viel weniger, als erwachsene Bundesbürger alljährlich an den Kinokassen bezahlen. Es ist weit mehr, als deutsche Familien jährlich für Seife ausgeben«, erregte sich der saubere *Spiegel*.

Die »Freigabe« der Pornographie 1974 ordnete lediglich den Markt neu, nicht die Sexualität. Es schwemmte in den Siebzigern nach oben, auf die Ladentische, was im Verborgenen schon länger für hormonelle Entlastung gesorgt hatte.
Die noch in den fünfziger Jahren gängigen »Klo-Romane«* konnten bei der Konkurrenz nicht mehr mithalten. Sie waren amateurhaft gefertigt, mit einem Heim-Matrizendrucker abgenudelt und mit privaten oder ausgeschnippelten Heftchenfotos illustriert und wurden in den »Herren«-Toiletten vertrieben. Nun erschienen sie in anderer Form: Die Stories wurden noch kruder, die oft erbärmlichen Zeichnungen noch derber – sie waren der »anregende« Rahmen für »private« Kontaktanzeigen.
Bis heute haben sich solche Magazine auflagenstark, aber inhaltsschwach gehalten. Das *weekend* ist mit einer sechsstelligen Auflage bis heute Branchenführer geblieben, von Papa beispielsweise zu erwerben beim Tanken der Familienkutsche.
weekend sex – damaliger Untertitel: »Ein Magazin – das Kontakt schafft« – »berichtete« in der Art ungelenker Gerichtszeichnung über »sextolle Wirtinnen«. Es zeigte »private Amateurfotos«: »Wenn Siegfried mich übers Knie legt und den Rohrstock hochhebt, bin ich so erregt, daß ich kurz davor bin, in meine Höschen zu pinkeln.« Auf dem »Privatfoto« deutlich erkennbar: »Höschen« im Gesundheitsschnitt und aus Baumwolle, auch »Liebestöter« genannt, Siegfried hat den Ärmel des weißen, gestärkten Hemdes gelockert, um der Gemahlin Schlag auf Schlag Sex einzubleuen.

Der sexuelle Seelenzustand der Nation in den Siebzigern war schlagkräftig stabil.
Eine der Kleinanzeigen zum deutschen Weekend lautete beispielsweise: »Hamburg: Wo ist der springende Hengst? Er muß mich geil machen und befriedigen. Vierzigjährige erwünscht starken Strobben für ihre Lustlöcher. Wann kann ich dich spüren? Erwarte deine geile Zuschrift.«
Standfotos aus einem dänischen Pronofilm zeigten ergänzend die »Grausamkeiten der Sex-Henker«: Eine junge Frau hat sich vor einem Tribunal unter kuriosen nazi-ähnlichen Runen wegen ihrer Ausschweifung zu verantworten – indem sie allen Männern des »Gerichts« mündlich zu Willen sein muß und anschließlich als »Strafe« anal »erniedrigt« wird.

* Siehe dazu Jogschies, Blick zurück durchs Schlüsselloch – Die entfesselten Fünfziger (Ullstein 1990)

Überhaupt wurde in den meisten »Sex«-Stories mit Vorliebe vergewaltigt, gefoltert, erniedrigt – bis Frauen »der arme Schoß völlig zerrissen und mißhandelt war – so daß sie niemals wieder dieselbe werden konnte wie früher . . .«.

Ein »Hausmeister« vergewaltigt da beispielsweise eine junge Frau, die gerade im Mini-Rock den Ascheimer leeren wollte: »Du kleine geile, popowackelnde Hündin! Glaubst du vielleicht nicht, daß ich genau weiß, daß du ganz bewußt versuchst, die Männer aufzugeilen, was, du kleines Mistvieh.« Sie trägt eine Perücke, aber kein Höschen. Und schon geschieht, was geschehen »muß«: Sie verspricht, niemandem etwas zu sagen, wenn er nach mehreren Vergewaltigungen von ihr ablasse: Aber ihr Meister wütet: »Du quatschst ja sowieso, du widerliches Weibstück, dann kann ich dich ebensogut umficken.«

Immer wieder und wieder wurden Frauen gefesselt, an Bäume, Bänke, auf Kanonenrohre, sie wurden geschlagen, mit Fäusten, Peitschen, Besen, Schlagringen, sie wurden gebissen, in den Hintern, in die Schamlippen, in die Brüste. So kam man gerne »in Kontakt«. Es diente alles ja nur der Anregung.

»Die Reitschule« hieß eine Geschichte ganz im Stil der Klo-Romane: Aber nicht Pferde wurden da »zugeritten« und bekamen die Peitsche zu spüren. Frauen galt die Dressur! Zwei »Bauarbeiter« vergewaltigen ein anderes Mal eine »Schülerin« in der legasthenischen Geschichte »Er fickte sie zur Vernunft«.

Vernunft durch Vergewaltigung, liederliche Lustobjekte, die geschlagen werden mußten, weil sie die Männer zu sehr reizten – dies war keineswegs nur das Bild der billigen Pornographie, das Programm einer Minderheit. *Dies* war der Alltag an Kiosken.

Magazine wie das *Schlüsselloch* erschienen in allen Varianten (z. B. *Sonniges Schlüsselloch* warb: »Jede Maid ohne Kleid«, »Superheiße Wüstenfalter – ohne Slip und Büstenhalter«, »Heiße Bienchen, wie sie sumsen, wie sie stechen, wie sie b-aden«). Das schlampig aus Standfotos und billigen Eigenproduktionen zusammengestückelte Heftchen kam als Satire daher. Beispielsweise mit einer Versandhausprospekt-Persiflage: »Für die Scheichs die neuesten Weiber täglich – das macht nur Leckermann noch möglich«. Ein »Modell Tusnelda« für

5500.-- DM wird als teuerstes »Stück« mit »BH Marke Zirkuszelt in der Größe Viermast« angeboten mit »Extras wie Gesäßkraftverstärker, Stoßdämpfer und Oberschenkelbremsen«. Da wurden dann auch Märchen von den »Zehn kleinen Steegerlein« erzählt, die unvermeidliche blondgefärbte Ingrid S. war barbusig zu Versen zu betrachten wie »Brave Frauen wanken nicht – sie gehn auf den Gedankenstrich«.

Das ebenfalls derart lustige Magazin *Wochenend*, das wohl nicht ganz zufällig diesen Namen trug, kam zusätzlich in Sondernummern mit gutdeutscher Faschingsfröhlichkeit daher. Ein Funkenmariechen ohne Rock und Höschen warb dann vom Titelbild am Kiosk keß: »Ich hab schon einen Degen in der Scheide. Aber wie wär's mit 'nem Vorderlader?«. Das Konkurrenzblatt *Tolle Tage* annoncierte: »Heiße Döschen mit und ohne Höschen«. Und die Postille mit dem programmatischen Namen *Sexy* fragte in der »Fünften *sexy*-Stammtisch-Runde«: »Warum denn immer gleich heiraten?« und zeigte die »Schönsten Leserfotos der Woche«.

Neben dem *stern*, neben den »linken« Blättern, *das da* vom geschiedenen Meinhof-Ehemann Klaus-Rainer Röhl und *Konkret*, die Frauenbilder genauso benutzten, lagen diese Zeitschriften. Sie gaben sich ansonsten ernst – es machte für Frauen keinen Unterschied, schon gar keine Würde.

Im Angebot daneben »Witze: je härter je lieber«, so der Untertitel des großformatigen »Humor«-Heftes *rauf und runter*.

Hier tobte die Realsatire, in der willige Weiber so einiges durchzumachen hatten, insbesondere die Nacht: »Er hat mir jede Menge schicke Kleider geschenkt. Aber er läßt mir keine Chance, eins davon anzuziehen«, erzählt die derangierte Frau lasziv mit Zigarette am Telefon ihrer Freundin, während der lüsterne Kerl sie schon wieder hinterrücks ins Bett zieht.

Deutsche Lacher der Siebziger: »Ein Fräulein Lehrerin« wird da – lustig, lustig – von kleinen Indianerspielern am Boden gefesselt und breitbeinig angepflockt, die Kleider werden der verstörten Brillenträgerin, natürlich, zerrissen. Dabei wollen ihr die drei »Jungs« doch bloß mal zeigen, was sie in »Ihrem Sexualunterricht« alles gelernt haben, haha.

Eine dritte, ebenfalls derangierte Frau schließlich hat einen »Einbrecher mit einer großen Brechstange« breitbeinig überstanden – sie ist von seinem Einbruch selbstverständlich verzückt.

Wer kannte den schon? Ein »Herr Leutnant« wird von einem schlampigen Weib auf der Bettkante beim Anlegen der Uniform neckisch gefragt, ob es wohl ein »Blindgänger« oder ein »Rohrkrepierer« werde.

Oder den: »Kleingärtner Schulze im Garten seiner Lust« stellte sich in einer Gedankenblase vor, die Nachbarin, die unweit auf der Wiese liegt, nackt auf ihrer Liege zu fesseln. Das war vielleicht komisch!

Günter Amendt berichtete 1970 von der *Sexfront*. Aber der erfolgreiche Buchtitel klärte arglos allgemein und mannhaft übers Liebesleben auf, ohne von dem tatsächlichen Krieg zu

berichten, den die Medien der Siebziger gegen die Frauen führten – und sich daran bereicherten.
Illustrierte, Schmuddelheftchen, Groschenpornos, Gewaltcomics, »Witz«-Hefte, Boulevard-Busenblätter – dies war nicht alles.
In den Kinofilmen ging es nicht anders zu, die Frauen schlechthin – nicht nur »Schülerinnen« als Freiwild darstellten, auch wenn ihnen gelegentlich Selbstbewußtsein und eigene sexuelle Stärke dramaturgisch angedichtet wurden.
Rob Houwer nutzte 1971 gar den Aufschrei der Frauen zu einer Softsex-Platitüde: *Paragraph 218 – Wir haben abgetrieben, Herr Staatsanwalt* – Pressetext: »Jetzt kommt der Report über dieses aktuelle Thema! Der Film kann zeigen, wovon die anderen nur reden.« Nichts war daran »aktuell«, zumal das Thema Abtreibung die Frauen schon seit Jahrzehnten beschäftigt hatte. Nichts wurde sensationsheischend »gezeigt«, das nicht alte Vorurteile bestätigt hätte.
Aber jeder Vorwand, nackte Frauen zu zeigen, war willkommen.
Was die gewünschte Rolle der Frau in den Siebzigern war, hatte mitnichten mit »Aufklärung«, »sexueller Revolution« oder Würde zu tun. Am wenigsten mit »Aktualität«, denn es waren abgestandene Tagträume frustrierter Böcke, die sich über »frustrierte Zikken« echauffierten.
Was waren das für ärmliche Märchen!
Im *Hausfrauen-Report II* empfing 1971 die »Hausfrau Anna« einen Wäschedienst vermutlich wegen der Knappheit des Haushaltsgeldes nackt. Die Dame des Hauses zählte Wäschewaschen offenbar nicht zu ihren »Hausfrauenpflichten« im Wohlstandsland, verlangte aber andererseits eine »Quittung« – vermutlich, damit sie der Ehemann von der Steuer absetzen konnte. Die gibt ihr der bullige Wäschemann auf dem Küchentisch dann tüchtig mit heruntergelassener Hose. Auf seinem fetten Hintern tanzt die Tätowierung »Service mit Herz« über den Kontraktionen.
Ein Moderator erläuterte dies angebliche Alltagsgeschehen dann so: Beim ersten *Hausfrauen-Report* sei es um »die Gründe« gegangen, die zu dem »Emporschnellen der Ehescheidungsziffern« geführt hätten. »Dabei wurde ganz besonders Gewicht gelegt auf die soziologischen Ursachen.« Er läßt sich von einer »Sekretärin« Unterlagen zureichen, aus denen er wie ein Wissenschaftler zitiert: »Leistungszwang«, grummelt er, »gesteigerter Konsumanreiz.«
»Deine Frau, das unbekannte Wesen« der Sechziger, wurde dem Kinobesucher der Siebziger nun so nahegebracht. »Bei unserer zweiten Umfrage wollen wir die rein menschlichen Gründe für das Fehlverhalten der Hausfrau in den Vordergrund stellen.« Das »Fehlverhalten« der Frau tritt eigenartigerweise dann in Gestalt des Bierkutschers Gottlieb auf, der vom vielen Biersaufen nicht nur einen Bauch, sondern auch immer eine »Wasserlatte« hat, die er der Frau am Kühlschrank oder an der Nähmaschine stehend von hinten reindrängt. Es mißfällt ihr »schon wieder« – sie ist abgespannt und lustlos bei ihrer

Hausarbeit, während er nach Belieben die Beiwohnung übernimmt. Von »Doppelbelastung« der Hausfrau also keine Rede.
Eine andere Frau wird von ihrem Mann geschlagen, aber er »versöhnt« sie wieder mit ganzer Manneskraft.
Worin lag aber beider Frauen »Fehlverhalten«?
Im vierten *Hausfrauen-Report* (1973) ist die »lebenstüchtige Sieglinde« aus Schwaben hingegen im Haushalt vorbildlich sparsam – nicht so mit ihrem Männerverbrauch. »Fehlverhalten«? Ihr unappetitlich aus der Form geratener Herr Häfele »amüsiert« sich jedenfalls derweil im Büro mit einer knackigen Sekretärin. So spielt das Leben, wenn es gespielt wird.
»Fritz Krause«, verwachsener »Werkzeugmacher aus dem Wedding« war erst »aktiv um Nachwuchs bemüht« – doch »Frau Gerda« argwöhnt, daß die Beziehung allmählich »einschläft«: »Fritzi« will nur noch Bier und Fernsehen, während sie im »Reizhöschen Greif-Zu« vor der Glotze umherturnt. Es »macht« ihn nicht an. Aber der »Dachboden-Entrümpler Paule aus Moabit« nimmt sich ihrer ebendort zupackend an; der schaulustige Schornsteinfeger fragt dabei durch die Dachluke, ob er bei ihr auch mal »kehren« dürfe.
Die unvermeidliche Elisabeth Volkmann studiert – klarer Fall für einen Wissenschaftsreport – »Positionen« mit einem ihrer Film-Herberts, der »zur Belohnung ein bißchen in der Missionarstellung darf«. Ganz die perfekte Hausfrau nimmt sie hernach die Bewerbung eines »Dienstmädchens« in die eigene Hand – denn die soll ja »immer zu Diensten« sein: Auf dem Teppich im Empfangsraum räkeln sich die Frauen nackt und ungelenk wie Figuren der Augsburger Puppenkiste. Zum Orgasmus kräht der Kuckuck aus der Uhr.
Eine andere »Hausfrau« hält haus mit »Torro«, der ihr stierisch spanisch beikommt. Den kurzbeinigen Rammler empfiehlt sie der neidischen Freundin mit der gängigen Weisheit »Dumm bumst gut«.
So war es wohl. Je dümmer, desto wahrer – je weniger wahr, desto bums. In den Filmen der Siebziger präsentierten Männer eine ewig rumsbumsdumm-geile »Sexualität« von Frauen, obwohl ihnen gleichzeitig keine eigene Frauensexualität zugebilligt wurde: Sie ließen sich eben gerne von jedem X-Beliebigen überall und sofort bespringen, um sodann gelangweilt schon an den nächsten zu denken. Die lieb- und lustlose Auswahl lag dabei zwischen Biertonne, Perückencharlie, Cocker-Spaniel und Mastochse. Egal, wie – die knackigen Mädels stürzten sich auf alles, was wie Mann roch. Supergeil! »Mannstoll« hieß ja nicht, daß die Männer »toll« in irgendeiner Beziehung sein mußten oder im Sinne von jeck.
Auch wo nicht das zur »Hausfrau« verkleinerte Frauchen vorgeführt wurde wie der Tanzbär im Zirkus, waren die männlichen Phantasmagorien dompteurhaft durchgehalten.
Mädchen auf Stellungssuche (1972) behandelte nicht etwa das Leid der Missionarstellung und deren Alternativen, sondern durchaus die Berufs-

wege zur klischeehaften »Selbständigkeit« einer Frau – die dann doch bloß wieder im Bett landete. Das *Schulmädchen-Report*-Erfolgsteam Ernst Hofbauer (Regie) und Wolf C. Hartwig (Produzent) hatte auch die *Erotik im Beruf* scharf im Auge: »*Was jeder Personalchef gerne verschweigt*« wollten die hart arbeitenden Männer 1971 gerne wissen:

»Menschen sind keine Maschinen, deren Funktionen man nach einer Betriebsanleitung bestimmen kann. Störungen, Komplikationen treten auf – besonders dann, wenn Männer und Frauen zusammenarbeiten. Die längste Zeit des Tages sind sie fern von ihren Familien und Ehepartnern, den sie erst nach Dienstschluß wiedersehen.«

Nur der Berufspartner, die Berufspartnerin sei »da«:

»Bei gemeinsamer Arbeit, bei ständigem täglichen Zusammensein entstehen erotische Bindungen am Arbeitsplatz, die vielfältige Probleme aufwerfen. Dieser Report wird die Probleme schonungslos aufzeigen . . .«,

versprachen die Männer ihren Geschlechtskollegen.
Doch glaubhaft blieben einzig die eingangs gezeigten erotischen Stechuhren, die Bindungen auf den Betriebsparkplätzen, die täglich weit offenstehenden Werkstore und die rammelvollen U-Bahnen. Wir sehen den Film in den Neunzigern und wundern uns, daß die ehefreundliche Christenregierung da noch gegen die Fünfunddreißig-Stunden-Woche sein kann – mindert sie doch das unvermeidliche Risiko des Ehebruchs erheblich.
Wie die *Hausfrauen-Reports* könnte auch dieser Streifen inmitten der Fülle ähnlicher Machwerke als lächerlich abgetan werden – wäre da nicht der Publikumserfolg, seine Wiederholungen in den Neunzigern und seine doppelbödige Betonung der eigenen Ernsthaftigkeit: Immerhin stellte sich beispielsweise der Betriebspsychologe Dr. Lutz von Rosenstiel von der Universität Augsburg gar als Triebpsychologe vor die Kamera, um enthemmt eine »generelle Erotisierung aller Lebensbereiche« festzustellen.
Professor Rosenstiel gilt heute als führender Arbeitswissenschaftler, der Einfluß hat auf die Rolle der Frau in der Arbeitswelt. Er gab dem schmuddeligen Softporno gerne die Weihe seiner »Wissenschaftlichkeit« und betätigte sich mit Otto-Waalkes-Grinsen sogar als billiger Stichwortgeber:

»Leistungszwang und beruflicher Ehrgeiz können sexuelle Motive frustrieren, und daraus kann Depression erwachsen. So wie die Rollen von Mann und Frau in unserer Gesellschaft sind, ist die Gefahr für die Frau wohl größer als für den Mann. Mir ist in diesem Zusammenhang ein Fall bekanntgeworden, es ist der Fall der Rena W. . . .«.

Es folgt die tölpelige Szene »Besuch bei der Chefin«: das Märchen von der »eiskalten, karrierebesessenen Frau«, die sich sogar in »lesbische Lokale verirrt«, das Trinken anfängt und einem 22jährigen Schneider verfällt,

bis sie endlich ihren Meister in einem »Psychiater« findet, der sie nach Männerart gründlich kuriert.
Des weiteren als Bilder aus der »Arbeitswelt« der Siebziger: Das 18jährige Lehrmädchen wird vom Lehrherrn gezüchtigt und notgezüchtigt. »Mittagspause« nennt sich ein anderer launischer Schwank, »Überstunden«, »Montagsgespräch«, »Der Firmen-Casanova« und »Die kluge Ehefrau«, »Umgang mit Lehrlingen«, »Betriebsfest« und »Es begann in der Kantine«. »Vierzig Mädchen und ein Mann« schließlich zeigt – kurz vor dem Auftritt Rosenstiels – die »ausgehungerten« Gastarbeiterinnen (»Südländerinnen sind temperamentvoller«) und ebenfalls gierige, aber deutsche Frauen – »liebestolle Weiber«, wie der Abteilungsleiter sich beklagt, »scharf wie ein Rasiermesser«. Er greift auch schon mal zu – aber wenn sie ihn selbst in der verdienten Rauchpause mit weit geöffnetem Arbeitskittel, nackt bis aufs durchsichtige Höschen bedrängen, hört auch für diesen Mann der Spaß auf.
Hätten die morgendlichen Flugblattverteiler damals vor den Werkstoren dies Sodom ahnen können? Wenn sie zur »Unterdrückung der Lohnabhängigen« Klagelieder anstimmten, dann war die Verlängerung der Rauchpause jedenfalls so gut wie schon ein Etappensieg auf dem Weg zum Sozialismus. Zur Rolle der Frau kam es bei revolutionären Aufrufen an die Arbeiterklasse erst gar nicht – es war ja auch lediglich ein unbedeutender »Nebenwiderspruch«, wie sich »die Genossen« beruhigten.

Bis heute: Noch tragen Gewerkschafter eher zwei abwehrende Hände am Revers mit der Aufschrift: »Faß meinen Kumpel nicht an!« als eine mit dem Slogan »Grapsch meine Kollegin nicht an!« *Laß' jucken, Kumpel* war als Roman von Hans Henning Claer durchaus beliebter Lesestoff unter »Genossen«, weil Sexualität darin »so unverklemmt« und »milieugenau« beschrieben wurde.
So hart konnte die »Wirklichkeit« der Siebziger sein. »Härter als jeder Schwanz« – immerhin dies hatten die Männer erkannt und sich zielsicher wie stilgerecht übers Pinkelbecken geschrieben.
Männer hätten es auch bei anderer Gelegenheit in der Hand gehabt, etwas zu ändern. Aber es war, so wie es war, für sie leicht.
Egal, wie sie aussahen. Falls sie über-

haupt noch zu sehen waren unter einem zotteligen Bart und schwindender, aber fettiger Haarpracht, mit breiten Koteletten und unrasiertem Nakken – sie wurden von Frauen noch angesehen, selbst wenn sie wie die Zureiter in den Pornofilmen daherkamen.

Es stank zum Himmel. Aber es gab immer praktische Abhilfe. Einen Hauch »sexueller Revolution«, wie sie in den Siebzigern plötzlich systematisch mißverstanden wurde, beinhaltete beispielsweise der »biologische Sexlockstoff« Pheromon der ehemaligen Testpilotin Beate Uhse: nicht etwa um Motten anzuziehen und zu vernichten, sondern um Frauen mit dem Mittelchen »*Super-Gail*« ihrer Bestimmung zuzuführen. Es sei »wissenschaftlich 100prozentig erhärtet«, verkündete das Versandhaus der Liebe und Ehehygiene, und habe eine »unglaubliche Wirkung: Triebverlangen und Begattungssehnsucht brechen voll durch«. Es werde »unterschwellig auf die weibliche Psyche« eingewirkt. Ergebnis: »Hemmungslos wird anerzogene Vernunft außer acht gelassen.« Notfalls tat es auch ein herbes Rasierwasser in dieser Fußschweißzeit.

Kaum ein Jahrzehnt war so weit von seiner eigenen Wirklichkeit entrückt wie die Siebziger.

Es zehrte gierig von krausen Phantasien – hatte aber keine, sich eine Änderung vorzustellen. Es war das Jahrzehnt der Macher, in dem Sex auch nur »gemacht« wurde: »Na, habt ihr's gemacht? Hast du es ihr besorgt?«

Make love.

Erst gegen Mitte des Jahrzehnts, 1975, begann sich das Unbehagen über den *Kleinen Unterschied und seine großen Folgen* in dem erfolgreichen Buch von Alice Schwarzer zu manifestieren. Der zunächst studentische Frauenprotest der Sechziger fand eine Form in einer »autonomen« Frauenbewegung, die quer durch alle Gesellschaftsschichten und quer zu allen politischen Gruppen stehen sollte.

Ebenfalls 1975 erschien Verena Stefans Roman »*Häutungen*«, der sich binnen kurzem hunderttausendfach verkaufte und heftig in Frauengruppen diskutiert wurde.

Beide Bücher wollten den Frauen ihre Würde und Identität »zurückgeben«, sie entweder rational – wie bei Schwarzer – oder emotional – wie bei Stefan – zu einer Suche nach dem Selbst einladen.

In der Übermacht der Publikationen gegen eigenständige Frauen wirkten sie verloren und gleichzeitig bedrohlich andersartig.

Vielleicht war es das Neuartige der Denkweisen für Frauen, vielleicht der Ansturm gewohnter Ansprüche an Frauen, vielleicht aber auch das schlicht unglückliche Gefühl, die Hälfte der Menschheit zu stellen, aber die »Hälfte des Himmels« verwehrt zu bekommen: Die Bücher brachten die Frauen eher auseinander als zusammen.

Alice Schwarzer gründete von ihrem Verdienst die Emanzipations-Zeitschrift *emma*, der Münchner Verlag Frauenoffensive lieferte mit dem *Häu-*

tungen-Gewinn den Grundstock für die konkurrierende Feministinnen-Zeitschrift *Courage*. Beide Blätter waren sich nicht gerade kollegial gesonnen – zu weit gingen ihre Verständnisse von der Überwindung der »Männergesellschaft« der Siebziger auseinander.
»Die« Frauenbewegung, ein Markenzeichen der Siebziger, gab es von Anfang an nicht, obwohl es reichlich Grund gegeben hätte. Die Frauenbewegungen lebten mit den Hypotheken überkommener und übernommener Frauenrollen, die sich in den beiden Bestsellern wie in Brenngläsern brachen. Es gab viel Rauch, aber kein Feuer. Es gab neue Bilder – aber keine die stark genug waren gegen die männerstierende Masse.
Schon in der ersten Ausgabe der *Courage* kritisierten weitsichtige Feministinnen, daß die *Häutungen* keine neue Frau erwarten ließen:

»*Häutungen* weist den Frauen eine Zukunft, in der die Verwechslung von Worten und Begriffen als neue Erfahrung und neue (weibliche) Sprache mißverstanden sein will: Portio statt Ratio, Spekulum statt Brille, Romantik statt Revolution, Anemone statt Amazone.«

Wie sehr in dem schreibenden Selbstfindungsversuch die Selbstüberlistung angelegt war, die unromantische Aufklärungsversuche wie die Schwarzers mit Blümchen verzierten, faßte die Feministin und wegen eines Weckerkaufes als vermeintliche »Terroristin« inhaftierte Ingrid Strobl 1987 zusammen:

»Das Vokabular von Verena Stefans Protagonistin ist geprägt von den neuen Erkenntnissen, die sich die Frauen in den Selbsterfahrungsgruppen aneigneten: Forschungsreisen in den eigenen, unbekannten Körper wurden unternommen, das ›unsichtbare Geschlecht‹ via Spekulum betrachtet. Ein wichtiger Prozeß im Kampf um Autonomie, um Befreiung von männlicher Definition und Besitznahme des ›Weiblichen‹. Und da das Unsichtbare, das nun plötzlich sichtbar gemacht werden konnte, bislang nur in Form von Beschimpfungen (Fotze, Loch, Röhre) oder medizinischen Fachausdrücken (Vagina, etc.) beschrieben war, lag es nahe, das Erblickte metaphorisch zu

umschreiben, liebevoll zu besetzen und zu benennen. So wurde aus der Klitoris eine Perle, die Vagina erschien als Korallenriff, die Schamlippen verwandelten sich in Lippenblütler. Doch dabei blieb es nicht. Verena Stefan und ihre Epigoninnen grasten ganze Gartenlandschaften, Höhlenformationen und Gemüsefelder nach Bildern für weibliche Körperteile ab, und die geernteten Metaphern wurden gar nicht als solche verstanden: Frau und Natur, Brust und Kürbis wurden gleichgesetzt, das weibliche erschien als ein natürliches beziehungsweise naturnahes Wesen. Die Gleichsetzung von Frau und Natur, die Erhöhung der weiblichen Biologie zu einem Wesensmerkmal war nichts Neues. Es war das alte Arsenal zur Unterdrückung der Frau, zu ihrer Anbindung in der privaten Häuslichkeit, ihrer Bestimmung zur Sklavin des Mannes. Neu war nur, daß dieses angeblich natürliche ›Anderssein‹ der Frau nun von Feministinnen in verklärter, positiver Gestalt präsentiert und proklamiert wurde. Die ›Neue Weiblichkeit‹, der direkte Pfad zur ›Neuen Mütterlichkeit‹ der achtziger Jahre, wurde in den Siebzigern angelegt.«

»Die Frauenbewegung« der Siebziger amüsierte uns und machte uns gleichzeitig Angst. Und doch erwies sie sich schon am Ende des Jahrzehnts als lebensreformerischer Opportunismus: Das Spekulum wurde ihr dümmstes Symbol für fehlende Reflexion.
1980 erschien der Abschied von der Alternative zur »neuen Frau«, der Roman *Der Tod des Märchenprinzen.* Svende Merian schickte darin Männer als lächerliche Froschwesen über hingequälte Buchseiten. Am Ende mußten sie ungeküßt ins Bett.
Männer schickten ihrerseits ihre »Mädels« artig in »Diskussionsgruppen« zum *Tod des Märchenprinzen*, um dort »bürgerliche« Frauen für die »Untergrundarbeit« abzuheuern.
Es war harter Stoff, der da »ausdiskutiert« werden mußte: Die »angesagte« Autorin Svende Merian schilderte sich in ihrem backfischhaften »Tagebuch« bis zuletzt ihrem ungewaschenen »Märchenprinzen« verfallen – nachdem andere Kneipenbekanntschaften sie zuvor schon zum Beischlafdiebstahl und Ehemänner sie zum Verkehr von hinten im PKW angehalten hatten. Ein Softporno mit revolutionärem Gehabe, der sich heute bestenfalls vom Bundesfamilienminister kostenlos für die Anti-Aids-Kampagne einsetzen ließe.
Und Anneliese? Sie glaubte auch nach der Lektüre noch an »ihren« blonden Hans, als sie längst dessen – ebenfalls mit Untergrund-Stories veräppelte – andere Geliebte kennengelernt hatte. Und Katharina? Sie hatte »sowieso« nie Schwierigkeiten mit ihrem Süßen.
Nichts schien schwieriger, als aus der verkorksten Sexualität der fünfziger und der sechziger Jahre auszusteigen – auch wenn es genügend Bekenntnisse gab, wieviel Freiheit sich Frau nehmen könne.
Männer interessierte immer nur das eine – das immergleiche, same proce-

dure as ever. Dennoch kam allmählich Mitte der Siebziger das Pendant zum Soft Sex auf: der Softie, der Sex »nich' so wichtig fand« und auch sonst ein Loch in der Socke hatte. Vom Softie gibt es kein Bild, er war zu schwer zu fassen, zu unscharf.

Was der Soft Sex im Vergleich zum späteren Porno war, verkörperte der Softie im Vergleich zum Chauvi: dieselbe Masche, nur lockerer gestrickt. Mit »sexueller Befreiung« hatte jedenfalls der Versuch, Sinnlichkeit durch Schlaffheit zurückzuholen, so viel zu tun wie der Sexfilm mit »Aufklärung«.

Der »Softie« war so tot wie der *Tod des Märchenprinzen*. Er versuchte alles andere als ein Prinz zu sein und erzählte Märchen von seinen »weiblichen Anteilen«. Dabei sprach er nur einfach am nettesten das Fühl-Deutsch.

Nur wenige ungeduldige Frauen gingen gegen die sprich- und wortwörtliche Missionarstellung der feixenden »Macker« vor – ihrerseits wie Missionare. Sie gingen ans Werk wie Betriebsräte, steif, lustlos und zänkisch, sie planten »Sex-Streiks«, als würde das ihre unterdrückte Lust endlich befriedigen.

Frauengruppen versprühten auf Flugblättern die Sinnlichkeit von Kaffeeautomaten mit Wackelkontakt, ihre gefriergetrockneten Ratschläge an die leidenden Schwestern waren rührend, ihre Anfeindungen gegen die Männerwelt trafen lediglich die wenigen Feinnervigen: Als wäre ihre verkorkste Sexualität nicht schon deprimierend genug, mußten die Männer nun auch noch detailliert erfahren, daß die Frauen es sowieso wußten und geneigt waren, in dieser Tragikomödie nicht mehr mitzuspielen. Vorerst jedenfalls. Vorübergehend wie ein Schnupfen.

Die rührenden Selbstfindungsversuche der Siebziger, ihre narzißtische Selbstspiegelung und Selbstliebe, brachten zudem viele ungeduldige Frauen und Männer schnell von einem ungemütlichen Feminismus und einer umfassenden bürgerlichen Emanzipationsbewegung ab, die auch mühselige gesellschaftliche Veränderungen im großen nach sich gezogen hätten.

Sekten boten die schnelle Änderung im kleinen, sie hatten merkwürdig himmlische Angebote im Programm, die schlichtesten Erdensorgen zu regeln.

Da liegt ein Bild in unserem Album, das eigenartig zur Abtreibung und der Sexismus-Klage paßt. Erst auf den zweiten Blick können wir es der Suche nach dem »neuen Mann«, der »neuen Frau« und einer gleichberechtigten Sexualität widerstrebend zuordnen.

Kahlgeschorene Frauen tanzen darauf ekstatisch um einen scheuen Mann, dem Tränen übers Gesicht laufen. Er hat alles »Schlechte« aus sich geschrien, hat einen »höheren Grad« des Menschseins erreicht und darf sich nun auf »einen Fick« mit einer der Frauen freuen, die sich später noch »auskotzen« werden. »Aktionsanalytische Organisation« (AAO) hieß diese sonderbare Form der »sexuellen Befreiung« mittels zusammengebosselter Psychotechniken und eines handfesten »Fickplanes«, nach dem die

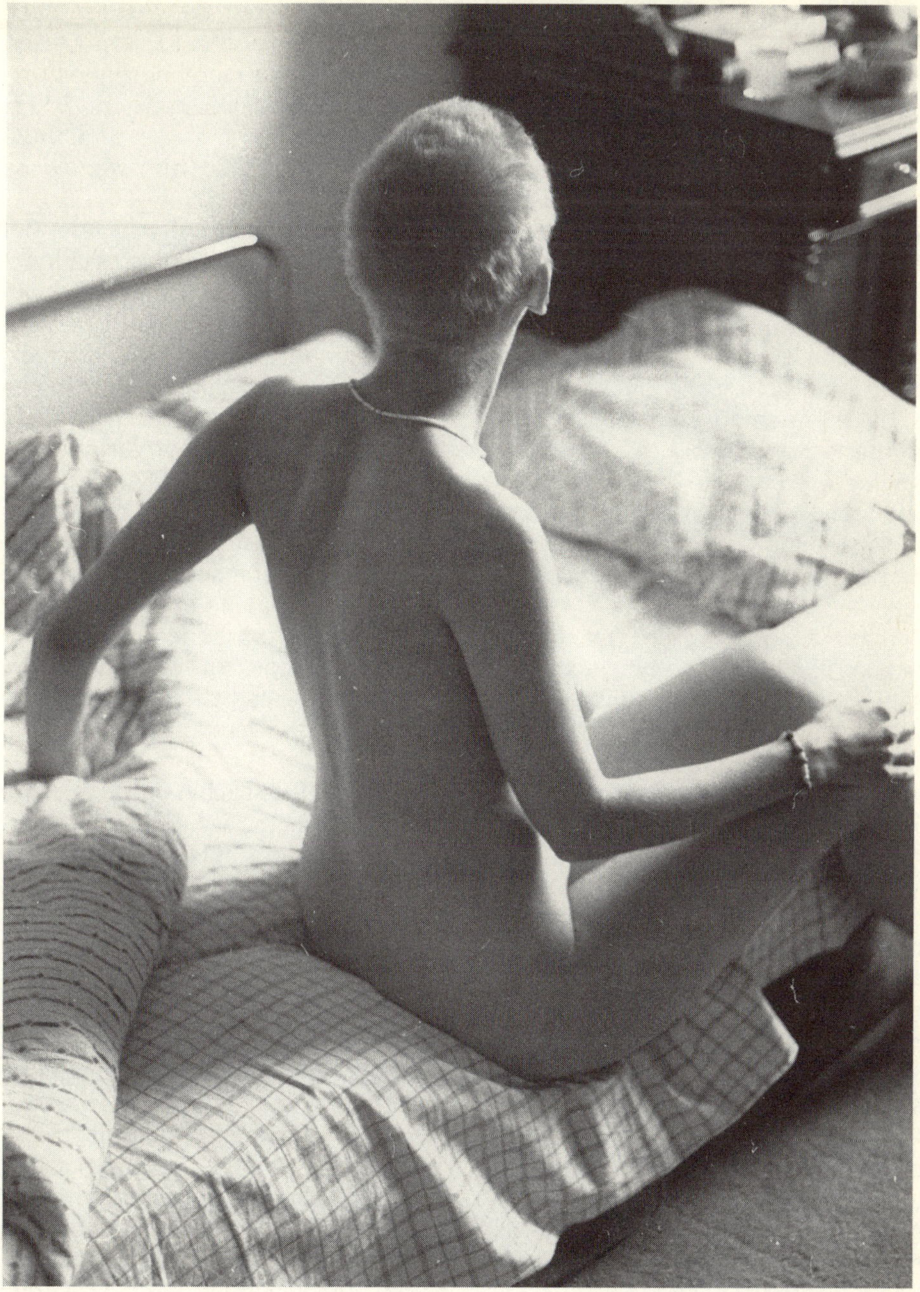

Sektenmitglieder einander zu beglükken hatten.
»Aktion«, das klang nach »action«, nach Fortschritt, nach linker Praxis. »Organisation«, das war es doch, was allenthalben fehlte und nun so herrlich oberschülerhaft konspirativ daherkam.
Der Wiener »Aktionskünstler« Otto Mühl führte diese Skinheads der sexuellen Befreiung rüde an. Seinen berechtigten Ruf als »Schweine-Mühl« hatte er sich zunächst mit Tierschlachtungen auf offener Bühne erworben: In Blut und Kot suhlten sich Nackte – alles war enorm befreiend und künstlerisch. Später kamen »analytische« Mühl'sche Heilsphantasien hinzu, die nicht weniger sudelig waren.
Otto machte es möglich: Das mittelalterliche Jus primae noctis nahm er für sich in Anspruch, die Kinder seiner Jünger entjungferte der Chef persönlich – gleichzeitig faselten seine Sexsklaven, die ihm zu reichlich überschriebenem Besitz und unter anderem einer abgelegenen Finca auf der Kanaren-Insel La Gomera verhalfen, von sexueller Erfüllung und Harmonie. Der böse Onkel fand eigenartige Nachsicht bei österreichischen und spanischen Behörden und wurde erst Anfang der Neunziger für seine Benutzung minderjähriger Mädchen (mit Einverständnis ihrer Mütter) in den Knast gesteckt. Seine Frau erwartet ein Verfahren wegen der Verführung von Knaben.
Feist grinsen uns zwei Filzbärte aus dem Album an, gescheiterte wabbelige Ersatzgötter. Den einen, Mahareshi Yogi, hatten die Beatles nach kurzer Anhängerschaft schon Anfang der Siebziger als nichtsnutzigen Lustgreis verflucht. Den anderen, Bhagwan, scheuchten die eigenen Landsleute als Scharlatan fort, wo sie es sich leisten konnten.
Beide Berufsinder hatten Ende der Siebziger gleichwohl Erfolg bei Emanzipationsjunkies, indem sie zum »Indian look« eine ebenso bunte, wickelleichte Instant-Philosophie schneiderten: die »Transzendentale Meditation« und den Sanyassin-Kult. Wichtigste Naht für den schwierigen Zusammenhalt aus fernöstlichen Mythologiefetzen und westlicher Zivilisationsmüdigkeit: die Pflicht, möglichst häufig miteinander zu bumsen. Das änderte zwar nichts, machte aber zufriedener als Diskussionsabende zum »klitoralen Orgasmus« im Frauenzentrum oder zum »staatsmonopolistischen Kapitalismus« bei den Jung-Sozialisten.
Bhagwan lehrte als ein Ludwig Erhard der Lebensenergie-Wirtschaft die verlotterte Jugend das Angepaßtsein, »ganz entspannt im Hier und Jetzt«. Seine und die »Transzendentale Mediation« wirkten – jenseits allen groben Unfugs und der Ausbeutung Unglücklicher – immerhin als nichtchemische Tranquilizer, waren also natürlich und biologisch abbaubar. Ansonsten aber waren die wallegewandeten Hippie-Nachfahren, mal rot, mal orange, mal gar nicht gekleidet, spirituell wie Senfgurken. Vom Kosmos und dessen Energien, vom Yin und Yang ihrer beachtlichen Meinungsumschwünge, vom Pille und

Palle ihrer Lebensweisheiten hatten sie selber – ständig auf Dope und Dogmen – so wenig Ahnung, wie die beiden obszönen Opas so viel von ihren Bankkonten wußten.
Pornographie und »Philosophie« verkauften sich ausgezeichnet. Sie sind die Hauptprodukte der Siebziger.
Aber die Sekten mit ihrer »Umerziehung« zu angeblich »neuen« Menschen hatten noch eine populäre mythische Variante: die therapeutische »Behandlung« der Frau durch den schlechthin »erziehenden« Mann.
Auf dieser Masche ritten erfolgreich die Lichtspiele *Emmanuelle* (1973) und *Die Geschichte der O* (1975) sowie im selben Jahr *Emmanuelle II*, die auf älteren Romanvorlagen beruhten und mit ihrem »literarischen« Regenmantel sogar Frauen in die Kinos lockten – nicht nur in der Vorstadt, sondern gerade auch in die Erstaufführungstheater.
Der ehemalige Modefotograf Just Jaeckin setzte die überwiegend unbekleidete Hauptdarstellerin Sylvia Kristel geradezu kultisch umkreisend mit softem Licht, satten Farben und folkloristischem Ambiente ins Bild: Die junge Diplomatenfrau Emmanuelle residiert kolonial in Bangkok – doch sie hat immer »zu Diensten« zu sein. Ihr »Diplomat« verlangt Hingabe, die sie bei asiatischen Meistern lernt.
Erniedrigung, Schmerz, Demut sind die Zutaten dieses Gebräus aus dem tiefsten männlichen Seelenkeller. Der »angeborene« Masochismus der Frau ist der Grundgedanke – die Herrschsucht des Mannes das Heilige und Erotische.
Den Zusammenhang von Sex und Politik, in den Sechzigern abstrakt diskutiert, wurde hier en detail und absurd sichtbar: reaktionär und elitär, frauen- und menschenverachtend. Die Frau als »glückliche Sklavin des Mannes« stellte Jaeckins in seinem zweiten Film *Die Geschichte der O* noch eindringlicher dar: Eine junge Frau wird in ein mondänes Schloß außerhalb von Paris gebracht, in dem ein Männerbund Mädchen hält und abrichtet. Sie stehen »den Herren« jederzeit und auf jede Weise »zur Verfügung«. Züchtigungen mit Peitschen und Folterungen gehören zur Tagesordnung. In einer Art Noviziat lernt O, sich auf Befehl ihres Geliebten anderen Männern hinzugeben und alles zu ertragen, was ihr höhnisch angetan wird – und dies als Liebe, Lust und Befriedigung zu empfinden. Das klösterliche Milieu, die Riten und Rituale spitzen die ursprünglich religiös motivierte Selbstentäußerung und Hingabe zu, der Anklang an östliche Religionen, in denen der Mensch nie Mittelpunkt einer fixen Aufklärungsidee war, ist unverkennbar.
O erhält viele »Weihen«, unter anderem zwei Ringe: der eine wird durch ihre Schamlippen gestochen, den anderen hat sie an der Hand zu tragen, als Zeichen für die Männerbündler, daß sie ordenszugehörig und damit ihnen hörig ist. In Paris wird sie an einen älteren Freund ihres Geliebten verkuppelt, der schließlich als Höhepunkt ihrer Selbstaufgabe und Unterwürfigkeit mit einem glühenden Eisen der O seine Initialen auf den nackten Hintern brennt. O ist Sklavin und Eigentum.

Der eigentliche Erfolg dieser emanzipationsfeindlichen Filme beruhte auf der »gesunden« Mischung zwischen eigentlich lächerlicher Stilisierung und lachhafter Ideologie. Mit gestelzten pseudophilosophischen Dialogen, fernöstlichen Anklängen und einer zeitwidrigen Botschaft wurde ein Mystizismus zum Marktschlager.
Dieter E. Zimmer räsonierte entsprechend an der Sache vorbei:

»Pornographie besonderer Art, eine Expedition in unausgeleuchtete Grenzbereiche der menschlichen Seele, eines jener bedrohlichen schwarzen Bücher, die in der Nachbarschaft de Sades oder des obszönen Werks von George Bataille eher anzusiedeln sind als neben dem letzten bunten Heft über heiße Mädchen und heiße Höschen.«

Emanuelle war freilich bereits Ende der Fünfziger geschrieben worden, von der Frau des französischen Botschaftsrates in Thailand. Die Enttarnung ihres Pseudonyms führte zu dessen Ablösung. Auch O war das Phantasieprodukt einer Frau: Dominique Aury schrieb den Roman 1954.
Eine männergeprägte Erfahrungswelt wurde durch die werbeästhetische Verfilmung in die Siebziger getragen, die wie Dynamit gegen Seelenwanderungen einer Verena Stefan oder Svende Merian in den Köpfen bombten.
Selbst inmitten der großflächigen Landschaft der braven und doch gemeingefährlichen »Aufklärungsfilme« stand diese Verklärung durch Mystifizierung der Frauen als willenlose Wesen wie eine einzigartige Monströsität. Die Kinsey-These – daß Schuld- und Schamgefühle beim einzelnen »abgebaut« würden, wenn er die Erfahrung macht, daß auch andere Menschen sexuelle Wesen sind – hatte sich dabei ins Gegenteil verkehrt. Eigenartigerweise trugen auch diese beiden Filme zum Ruf bei, die Siebziger seien ein gutes Jahrzehnt für den Sex gewesen.
Wir schlichen um den Kiosk und wunderten uns, daß Frauen soviel von sich preisgeben mochten – in dieser Zeit: »wir haben abgetrieben«, ein Titelbild, das bald vergessen war. Nur wir haben es aufgehoben. Es hat die deutsche Geschichte nicht umgeschrieben.

Zwischen Adrenalin und Moralin

Die Siebziger als Instant Sex und Imagebank der Achtziger: Warum Nostalgie ein unverläßlicher Freund ist

Wir schließen das Album. Es ist 1992. Die siebziger Jahre hallen noch nach – wie eine Rückkoppelung von Jimi Hendrix. Er wäre in diesem Jahr 50 geworden. Aber er »starb« am 18. 9. 1970 unter mysteriösen Umständen – wie Marilyn Monroe.
Erinnerungen, Nostalgie – was bleibt schon von den Fotos der Siebziger? Stimmungen, Sätze wie »Make love not war«. Wir sehen noch einmal auf das geschlossene Bilderbuch und wissen: Es war eine selbstbeschwörende Zauberformel fürs Leben – besonders für die Siebziger. Es galt wie eh und je: Make war – not love.
Kriege wurden gemacht!
In Vietnam und Kambodscha ging das Morden weiter. In Chile wurden Tod und Folter vom US-Geheimdienst CIA gegen die Demokratie inszeniert. In Nicaragua wurde der Diktator Somoza vom Volk gestürzt, im Iran der Schah. Doch auch hier bereiteten die USA langwierige Kriege vor, gegen das kleine südamerikanische Land trotz Verurteilungen durch den Internationalen Gerichtshof, gegen das ölreiche ehemalige Schahtum ausgerechnet mit dem Schlächter Saddam Hussein. Die Tragödien der Achtziger hatten ihre Wurzeln zum großen Teil in den gar nicht so verträumten Siebzigern.
Aber Liebe?
Es war ein zu schöner Traum. Und ausgerechnet die paar bunten Hippie-Vögeleien, die in der Boulevardpresse kolportiert wurden, drückten dem Jahrzehnt einen Stempel auf, der Nummern zu groß war.
In Wahrheit ist die Zeit in diesem Jahrzehnt irgendwie angehalten worden.

Sie wurde vielleicht sogar zurückgedreht.
Nicht umsonst wurde das Kindermärchen *Momo,* das vom räuberischen Verschwinden der Zeit handelt, am Ende des Jahrzehnts ein Kultbuch.
Diese Erfahrung haben wir einander kaum mitgeteilt.
Alle hatten das Gefühl, es bewege sich etwas. Wir bewegten uns. Wir hatten mehr Adrenalin als die Alten mit ihrem sauren Moralin im Blut. Heute achten wir auf den Bluthochdruck.
Und vom Stillstand der Achtziger und Neunziger aus betrachtet, scheint dies noch mehr der Fall zu sein.
Der Blick täuscht. Er ist getrübt von der Nostalgie, von den Versprechen, die die Siebziger als Warenreiz noch versenden.
Den wahren Reiz haben nur die Gefangenen dieses Jahrzehnts erkannt, die geprägt waren von den Versprechungen der Sechziger und der Hoffnungslosigkeit der achtziger Jahre.
Baudrillard sieht allerdings den »Mythos der sexuellen Befreiung in vielen realistischen Formen fortleben« – freilich nur in den Formen, nicht in den Inhalten:

»Während man früher mit den sexuellen Differenzen spielte, wird heute das Spiel der sexuellen Indifferenz gespielt, der Undifferenziertheit gegenüber sexuellen Gegensätzen und der Indifferenz gegenüber dem sexuellen Genuß.«

Sollte die entscheidende Lehre aus den Siebzigern nur eine weitere Perfektionierung der Verkäuflichkeit der »Ware Frau« sein? Heißt »Make love« seit Anfang der Achtziger gar, daß Sex nur noch Produkt ist, künstlich und beliebig herstellbar?
Unruhig blättern wir noch einmal auf und zurück, besehen uns die Bilder noch einmal, die Kinovisionen, den Jugendkult, die Frauenbewegung und das Ende der auf Inhalte kaprizierten Politik.
Tatsächlich passen viele der Bilder, die dahinter stehenden Trends und Verselbständigung zu Phänomenen der achtziger und neunziger Jahre.
Als »Gegenpol« zum italienischen Pornostar der Siebziger und Achtziger, Cicciolina, nennt Baudrillard beispielsweise den Popstar »Madonna« Ciccione,

»jener jungfräulichen Frucht des Aerobic und einer eisigen Ästhetik, bar jeden Charmes und jeder Sinnlichkeit – ein zähnefletschender Android, der sich zum Symbol der Synthese eignete«.

Wir sehen auf das 70er-Poster mit der Nonne in Strapsen und lachen: Na gut, die als Sängerin wenig begabte Madame Madonna Louise Ciccione »arbeitet« vor- und vernehmlich mit der Reduzierung und der Reproduktion sexueller Reize, ihrer Formung und Klonung, die sie in ihrem eigentlichen Medium, dem Video-Clip, zur lebenden Lüge der Sexualität machen. Sie vereinigt die undifferenzierten Gegensätze der augenblicklichen Entwicklung der Erotik in sich und verkauft sie und sich damit als Sex-Surrogat. Sie *ist* das lebendig gewordene

Poster der Siebziger: Anfang der achtziger Jahre versuchte sie erfolgreich eine krude Mischung aus Kruzifix-Gehängen, durchsichtigen knappen Spitzenblüschen mit schwarzem BH darunter, den sie gelegentlich auch als Oberbekleidung trug. Die Röcke konnten kürzer nicht sein, der Blick nicht verwegener *schulmädchenhaft*.

Madonna ist eben schlauer als Rosy Rosy, die sich zu verlieren fürchtete, als sich ihre Reize »ablösten« in unerfüllbare Verkaufsversprechen.

Bei aller aggressiven Attitüde war Madonnas Spiel mit den Reizen so offenkundig, daß es gar nicht katholischer Symbolik zur Abschreckung einmal geweckter Lüste bedurft hätte. Gleichwohl verfing das Zitat sogar noch in den abgeklärten Achtzigern: Einerseits Relikte alter Moral, andererseits die Müllklamotten des punkigen Straßenmädchens schufen die Synthese aus Stricherin und Engel – einer Anbetungswürdigen, aber Unberührbaren, deren Markenname *Madonna* Teil der simplen Programmatik war.

Schluß, sagen wir. Was drängen diese Zombies in unsere Erinnerungsarbeit, die Jahrzehnte plündern wie andere Kolonien?

Aber uns läßt die Begegnung mit den Hippie-Attrappen der Neunziger nicht los.

Ein flüchtiger Blick übers Kreuz: Der endgültige Durchbruch für die verkaufsträchtige Sex-Synthetik der Achtziger, deren genannte Gründe in den Siebzigern liegen, kam mit der Erweiterung des Repertoires von den zeitgeistigen Strömungen hin zu den Themen des Time lag.

Madonna sang beispielsweise scheinbar von der anti-romantischen Yuppie-Ideologie der Achtziger aus gegen die Hippie-Romantik der Siebziger an:

»Ihr wißt, daß wir in einer
materialistischen Welt leben, und ich
bin ein materialistisches Mädchen.«

Ihr eindeutiges Credo, das nur in die Achtziger zu passen schien, das Abschied war von der »antikapitalistischen« Attitüde der Siebziger:

»Der Junge mit dem kalten, harten Bargeld ist Mister Richtig.«

Doch zu ihrem Aschenputtel-Hit vom *Material Girl* tanzte sie in einem Video-Clip ausgerechnet im roten schulterfreien Kleid im Kreise befrackter Herren – ein Zitieren des Howard Hawks-Films *Blondinen bevorzugt* mit dem Sex-Idol der fünfziger Jahre, Marilyn Monroe, die damals gesungen hatte:

»Diamonds are a girl's best friend.«

Der dralle, ungebrochen naive Gestus der Vor-Sexrevolutions-, Vor-Hippie- und Vor-Feminismus-Zeit kam bei dem jungen Publikum, das dies alles nur vom Hörensagen kennt, als zur enthaltsamsten Zeit passendes, fast magisches Heile-Welt-Muster an. Die Siebziger wurden dabei als ganzes Jahrzehnt plump verschluckt und damit erst recht gleichzeitig mystifiziert. Die Siebziger brachten keine Frauenfigur wie Marilyn Monroe oder Madonna hervor, in der sich Widersprüche und Wünsche eines ganzen Jahrzehnts kristallisierten. Warum auch? Desto interessanter ist der Blick –

weg von der Lücke, hin zur Zukunft – auf die alten und die neuen Ikonen, um das Bild der Siebziger zu komplettieren.

Im Laufe ihrer Karriere konnte Madonna ungehemmt in die Rolle längst vergangener Sex-Symbole schlüpfen, ohne ihren eigenen Anspruch darauf mit nicht entliehener Ausstrahlung untermauern zu müssen: Die Beliebigkeit der Mischung aus Marlene Dietrich, Marilyn Monroe und Mae West ließ sich kommerziell und medial ungestraft kombinieren mit dem coolen Geschäftsgebaren der Achtziger und lancierte Privatgeschichtchen von einem lesbischen Verhältnis. Madonna avancierte mittels ihrer Videos zu einer Pop-Ikone, die als synthetische Figur der Neunziger die Sex-Ideale vergangener Generationen für eine neue Art des unberührbaren, so gut wie unberührten »Sex« recycelte: der Alltag von Sex, Lügen und Video.

Dasselbe Rezept geht auch in der neueren Werbung auf, die sich der sexuellen Trendabbildung bedient.

Während früher mit immer herberen Reizen auf Kundenfang gegangen wurde, beispielsweise dem sich im Bikini auf einer Kühlerhaube räkelnden Vamp, sind die Frauen- und Männerbilder in den achtziger Jahren oft und radikal geändert worden. Die Werber des »Zeitgeistes« haben in der Warenästhetik der Siebziger die Schulbank gedrückt und aus deren Fehlern gelernt. Auch die Moral der Sechziger scheint in den Achtzigern bruchlos zurückgekehrt, als habe es die Siebziger nie gegeben, als hätten sie nichts beizusteuern gehabt.

Tatsächlich sind aus der Rück-Sicht die Versäumnisse und verpaßten Chancen dieses Jahrzehnts geradezu fatal: eine Promiskuität vorgetäuscht zu haben, die äußerlich war, deren innere Reife aber verklemmt war in halbvergorenen Theorien der Sechziger, das wirkt in den Achtzigern fort.

Mit einer wirklichen – nicht nur behaupteten Aufklärung oder Befreiung – wäre beispielsweise das Aids-Problem in den Achtzigern nicht so groß geworden.

Es ist in diesem Zusammenhang nachgerade tragisch, daß beispielsweise Svende Merians dürftiger Roman *Der Tod des Märchenprinzen* 1980 als »Frauenbewegungsbuch« kategorisiert wurde: Neben Backfischträumen von einem »Märchenprinzen« – einem »ganzen Mann«, wie »unbewegte« Frauen gesagt hätten – ist vor allem das »Thema Verhütung« Dreh- und Angelpunkt der dünnen Biographie. Bei einem vorurteilsfreieren Verständnis hätte das Buch vielleicht zumindest das leidige Thema Verhütung anders diskutieren helfen können, als fortdauernd ausgerechnet am Streitpunkt »Abtreibung«, wenn es sowieso zu spät ist – der Griff zum Gummi macht den ärztlichen Eingriff überflüssig, das Gespräch über Präservative ist unter erwachsenen Menschen fruchtbarer als eine Debatte hochbezahlter Bundestagsabgeordneter über Paragraphen wie den 218. Damit wäre das Thema Aids möglicherweise weniger auf den Begriff »Lustseuche« zu reduzieren gewesen. Denn die Immunschwäche ist Folge des Schwachsinns jener Män-

ner und Frauen, die keinen Hauch Gummi über ihre Schamgrenze kommen lassen wollen.
Richie ruft an. Nein, er habe kein »piece« mehr da. Ob wir uns denn nicht anders »antörnen« könnten. Der Mann hat Nerven! Auf keinen ist mehr Verlaß. Nicht einmal auf die guten alten Hippies. Die Originalen, echtu.
Wütend werfen wir das Fotoalbum in die Ecke und schließen die Augen, als würde Bhagwan von Wolke Neun auf uns niederkommen und den Sinn des Lebens erklären, der mathematisch nachweislich nicht bei Zweiundvierzig liegt, wie uns die Siebziger-Kult-Trilogie *Per Anhalter durch die Galaxis* von Douglas Adams 1979 weismachen wollte. Nein, bitte schön, wir sind noch immer nicht auf der Erde gelandet und auch nicht weiter ansprechbar, wenn's recht ist.
Aber dann haben wir wieder diese Bilder im Kopf.
Diese eigentümlich »entkleideten« Frauen: Sie stehen im Parka umher, als würden sie damit noch auf dem Fehmarn-Festival ihre Brüste zeigen. Doch eben das tun sie nicht.
Es liegen Welten zwischen den dokumentarischen Bildern vom Anfang der Siebziger, die Frauen in der Umgebung ihres Lebensgefühls zeigen, und den späteren nackten Projektionen, die das »Hippie-Mädchen« als Objekt der Begierde stilisieren.
Was früher die Laszivität des »Typs Prostituierte« war, spitzte sich nun in der »Naivität« der angeblich ewig »liebesbereiten« Jung-Frau zu.
Nicht der Wirklichkeit entsprach diese Nacktfotografie, sondern der kalkulierten Inszenierung, wie sie auch in den zahllosen »Reports« zu sehen war. War in den Sechzigern noch die Umgebung im Bild gelegentlich mit zu betrachten, so war die Umgebung nun das Zentrum des Bildes, ohne zu sehen zu sein.
Die Bilder der Siebziger sind verschlüsselter, je mehr sie scheinbar ungeniert zeigen. Sie sind verklemmter, je enthemmter sie daherkommen. Es sind keine Schnappschüsse mehr. Die Kamera ist Geschlechtsteil geworden in einer von konservativen Konventionen steif gewordenen Sexualität.
Wir sehen uns in Gedanken im Raum um.
Irgendwo zwischen all den Postern an der Wand stand doch die »buntpoppige« *Sinalco-Kola*-Puppe herum, aufblasbar und gefühlsecht jugendlich – eine windige Mischung aus Niki de Saint Phalle-Design und Beate-Uhse-Ästhetik. Und dann die Bordwände mit integrierten Hängeschränken! Nußbaumfurniert wucherten sie in den kleinsten Wohnungen, als lebten die Menschen darin waagerecht an den Wänden.
Ungelesene Bücher und plüschiger Nippes zierten diese abgezirkelten, übervollen Seelenauslagen. Geklöppelte und gehäkelte Deckchen aus Omas Nachlaß schützten darunter auf Bettkästen und Seitenablagen vor dem ständig rieselnden Staub der Siebziger.
Waren die Möbel der fünfziger Jahre noch schnörkelig, so waren die kombinierbaren »Wohnelemente« der Siebziger nur schnöselig. Sie spiegel-

ten eine Funktionalität vor, die keinen Sinn hatte – sie waren sichtlich praktisch, aber zu nichts zu gebrauchen.
Es häuften sich darauf die Devotionalien einer Kultur des Vergänglichen, die sie für unvergänglich ausgab – Marx-Engels-Werke in Blau (zu günstigem DDR-Schwarzgeld-Kurs kiloweise gekauft) neben der Haschpfeife; die Karl-May-Bände in Grün (von den weit zurückliegenden Geburtstagen liebevoll durch alle Wohngemeinschaftsfehden gerettet) neben dem vergilbten Jugendliebefoto von Mama und Papa; der zerfledderte Wehrpaß neben der Gummibüste vom Loriotschen Knollennasen-Männchen.
Die »neue Lebensart« prangte damals aus Annoncen, beispielsweise »Angelika-Möbel für verwöhnte Liebhaber« zwischen Spiegelwänden, auf hochflorigen Shagteppichen, die einem Tierfell nachgebildet waren, und runden Liegestätten von 1971. Es war nach Haug »die Wohnlandschaft als Sexuallandschaft«.
Wir schlagen die Augen auf und freuen uns an den glänzenden Stahlrohrmöbeln, auf den der Video-Recorder und der CD-Player irre Signale ins Nichts senden. Sind da oben, im All, Menschen? Wir wissen es nicht, nehmen den digitalisierten »Best of . . .«-Sampler mit der *Jimi Hendrix Experience* ab und stoppen die Programmierung auf die nächste *Hausfrauen-Report*-Wiederholung. Es ist Zeit zu gehen. Auf die Straße. Zur U-Bahn vielleicht. Mal sehen, ob wir uns wiedertreffen. Ach ja. Wer steckt überhaupt hinter diesem dauernden »wir«?
Wir haben in den Siebzigern halt immer »wir« gesagt – selbst wenn wir manchmal nur »ich« meinten. Heute sagen alle immer nur »ich, ich, ich«. An das »Wir« denkt kaum noch einer. Das »Wir« – das war so ein Gefühl, irgendwie. Und so hieß es später auch: das Wir-Gefühl. Das war weder ein pubertärer Pluralis majestatis noch ein verbaler Vorgriff auf den Sozialismus. »Wir« meinten es einfach so. Es drückte weniger Solidarität als ein allgegenwärtiges Gemeinschaftsgefühl aus. Auch wenn es nicht immer zutraf. Deshalb sagen wir hier so häufig »wir« – auch wenn Sie und ich vielleicht nicht einmal eingeschlossen sind in die Erinnerungen.
Das zumindest schulden *wir* den Siebzigern.

Die Landung auf der Erde

Bilder einer geheimnisvollen Mission

Die Siebziger:
Rockmusik und Drogen hatten
die Lust zur Philosophie
des Alltags kultiviert.

Nun sollte sie endlich
ausgeübt werden:
»Make love – not war.«

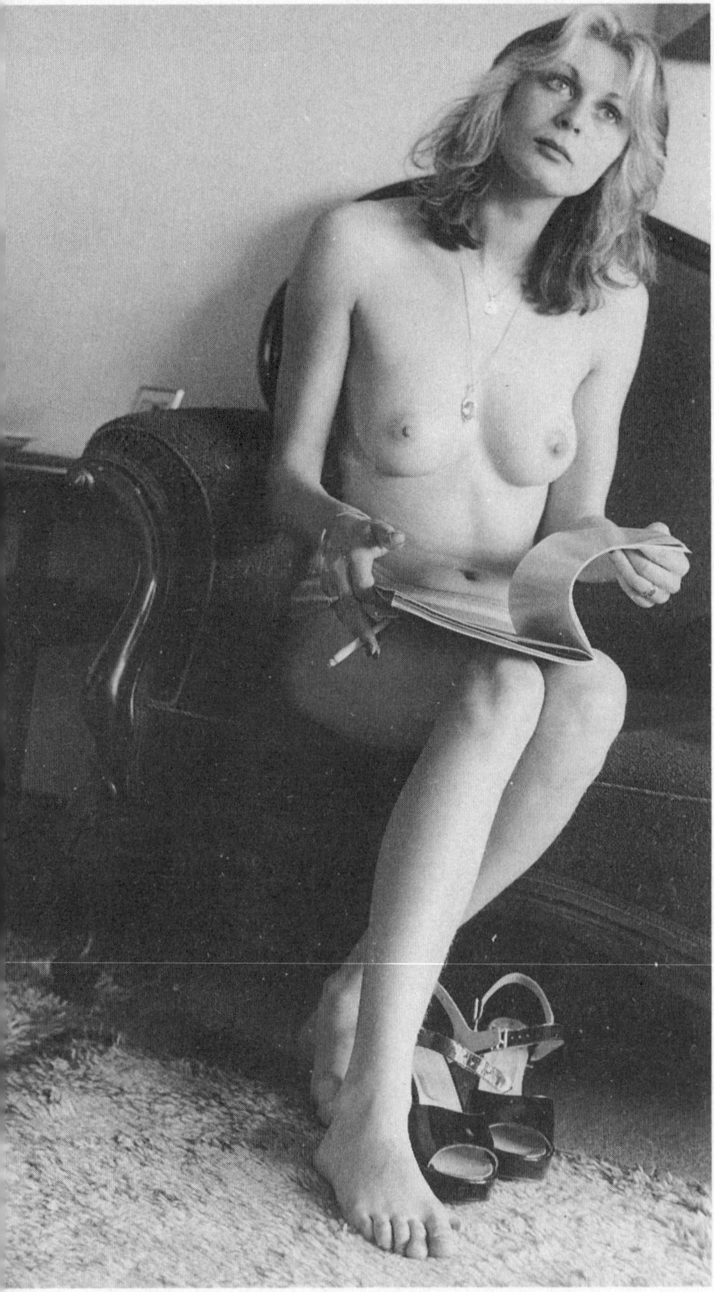

Zu Hause blättern wir im Fotoalbum. Was sind das alles für fremde Gesichter? Vielleicht waren die ganzen Siebziger nur ein Traum?

Wir überlegen, ob wir
den Zeitläufen ein
Schnippchen
schlagen und den heutigen
Hippie-Mädchen sagen sollen:
Ihr seid im falschen Film.
Wenn wir nur nicht so
fasziniert wären von
der Vergangenheit der 70er,
die in den 90ern plötzlich
leibhaftig vor uns steht.

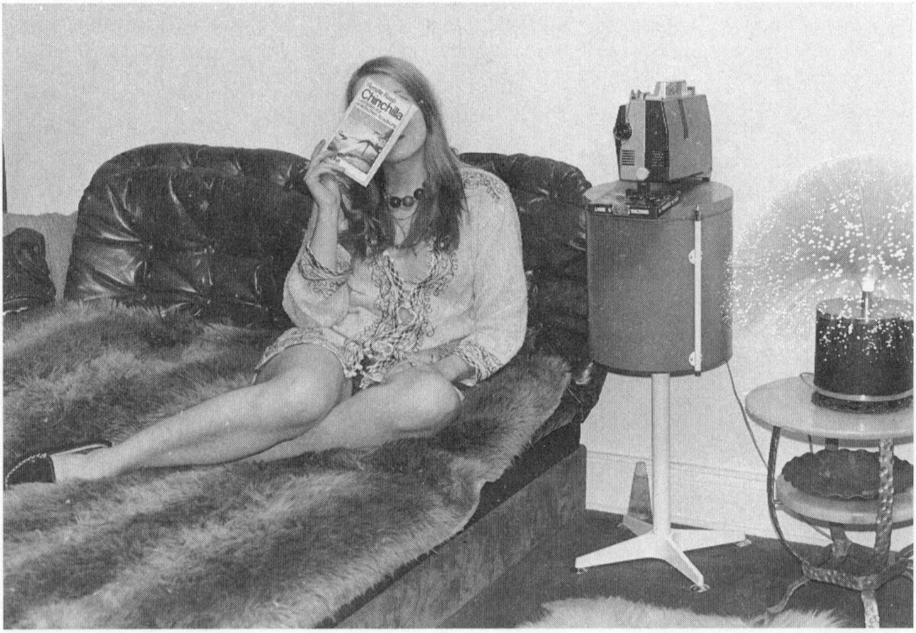

Ungelesene Bücher und plüschiger Nippes zierten die abgezirkelten, übervollen Seelenauslagen der Wohnungen.

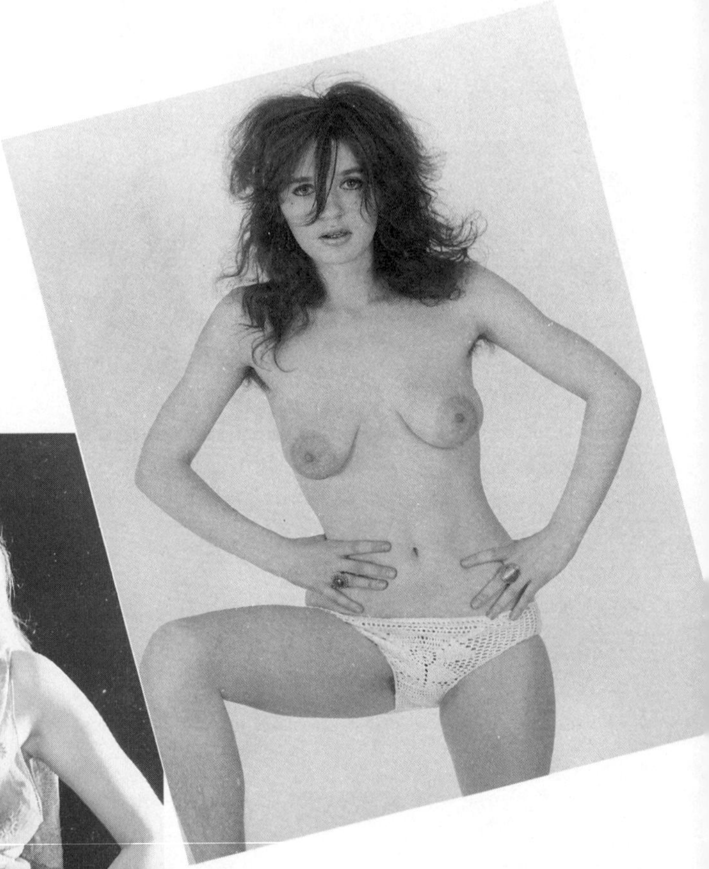

Die 70er wollten keine falschen Träume – sie wollten enthüllen, schonungslos nackte Tatsachen zeigen.

Aber wer wollte das schon wahrhaben?

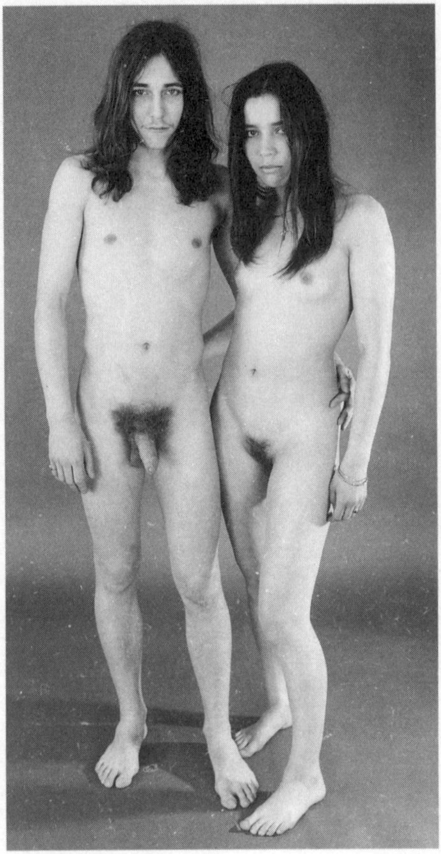

Die Siebziger stilisierten
eine Jugend, die – wenn schon
nicht gehorsam – so in den
Sex-Phantasien zumindest
willig war.

Wir standen an den Straßen-
ecken und ahnten nichts von
der Mondseite des Lebens.

Die »heile Welt« der Sechziger war in den 70ern unversehens eine geile Welt geworden.

Als Objekt der Begierde wurde der Typ »Hippie-Mädchen« stilisiert.

Aus den »Halbstarken« der fünfziger Jahre wurden die »Frühreifen« der Siebziger.

► Hieß es anfangs der Siebziger noch »Born to be wild«, so war am Ende des Jahrzehnts »Born to by styled« angesagt.

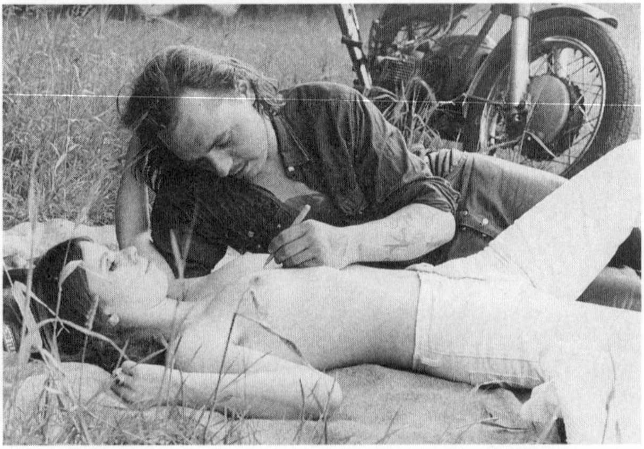

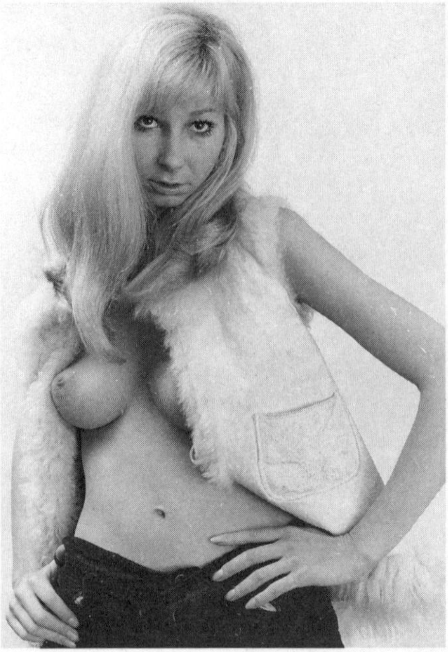

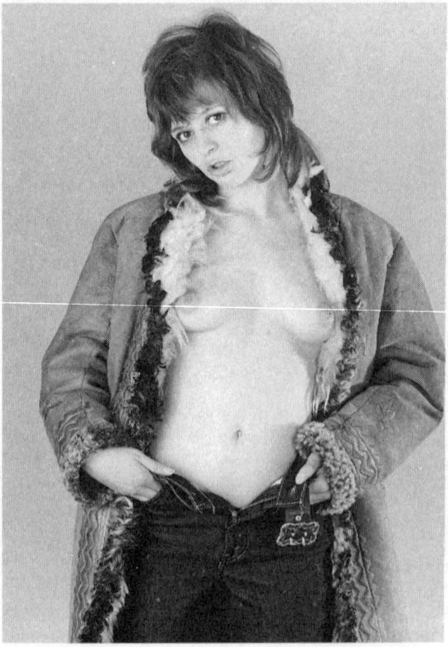

Dorian Grays
geisterten durch
Politik und Städte.
Sie spähten neidvoll
auf die Hippies und
deren Vergötterung
des Augenblicks.

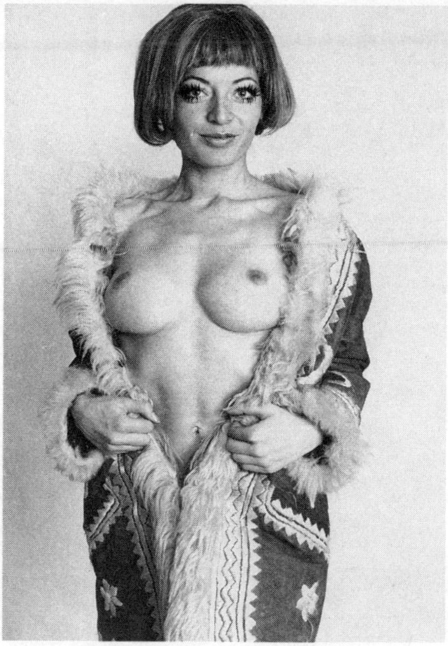

Die Mode der
Siebziger war die
Nicht-Mode:
Man trug Armut.
Je proletarischer
und lumpiger, desto
authentischer und
wilder.

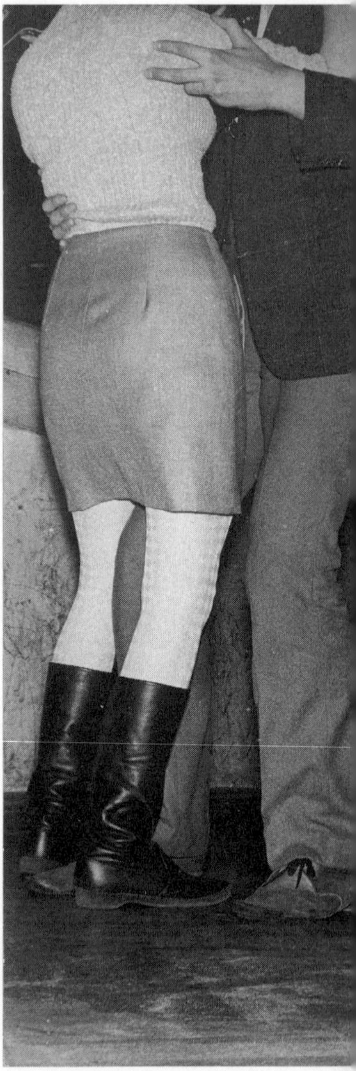

Man lebte auf »leichtem Fuß«. Neben betäubenden Turnschuhen waren vor allem Holzpantinen wie bei holländischen Salatbauern für den Fortschritt unabdingbar.

Die ersten »Alternativen« versuchten später ihr intellektuelles und geschmackliches Niveau durch Plateausohlen zu heben.

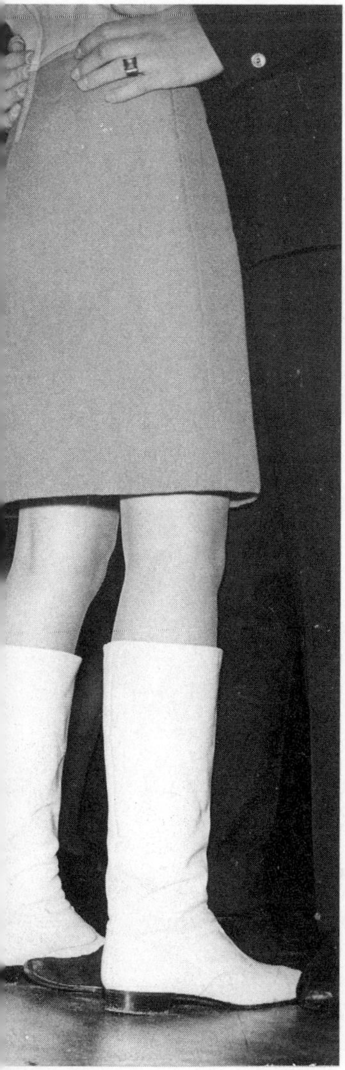

Alles war in den 60ern Politik.
Selbst die Politik.
Nun war Politik nichts mehr.
Nicht einmal Politik.
Schon gar nicht Sex.

»Power to the People« dröhnte aus Disco-Boxen, während Mädchenleiber in engen Hot pants im Stroboskopgewitter zuckten.

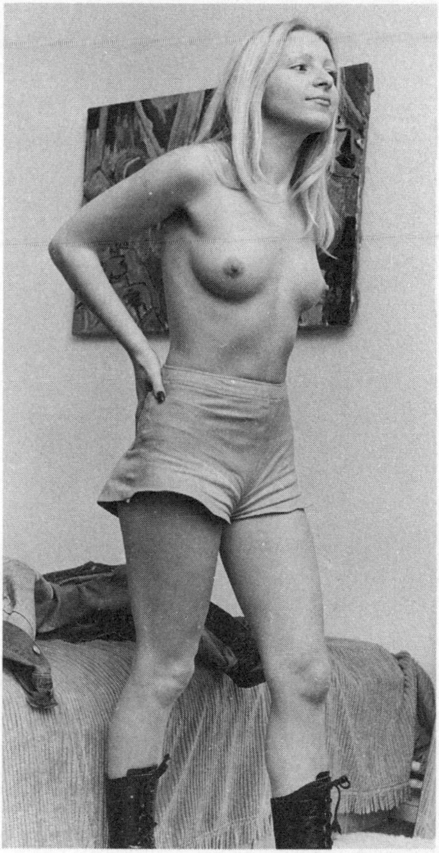

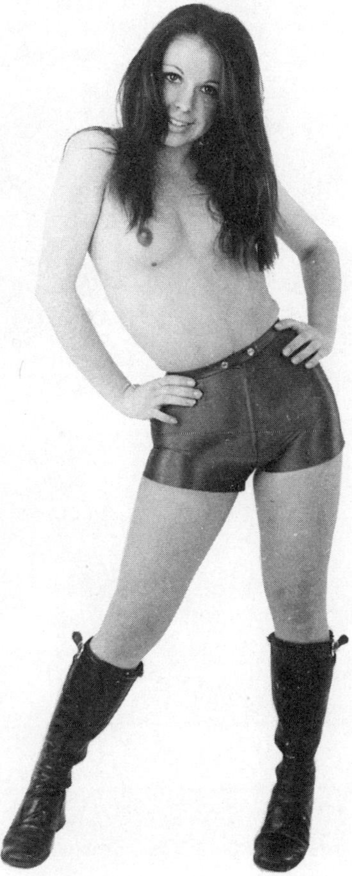

Der Jugend war ihre Jugendlichkeit abgekauft worden –
sie konnte dafür »Sex« kaufen, der keiner war.

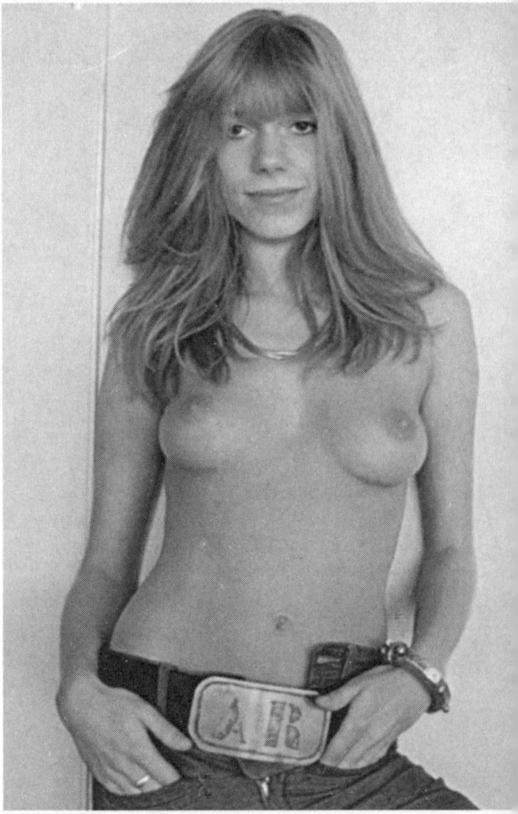

Da waren unendlich viele Fotos von Frauen in Illustrierten, dem Hauptmedium der neuen Nacktheit. Sie waren jederzeit ungeschützt nackt verfügbar.

Hinter all dem Fleisch aber waren die Frauen kaum auszumachen.

Die Frauen zeigten scheinbar selbstbewußt und mit ihren Reizen spielend ihre Körper.

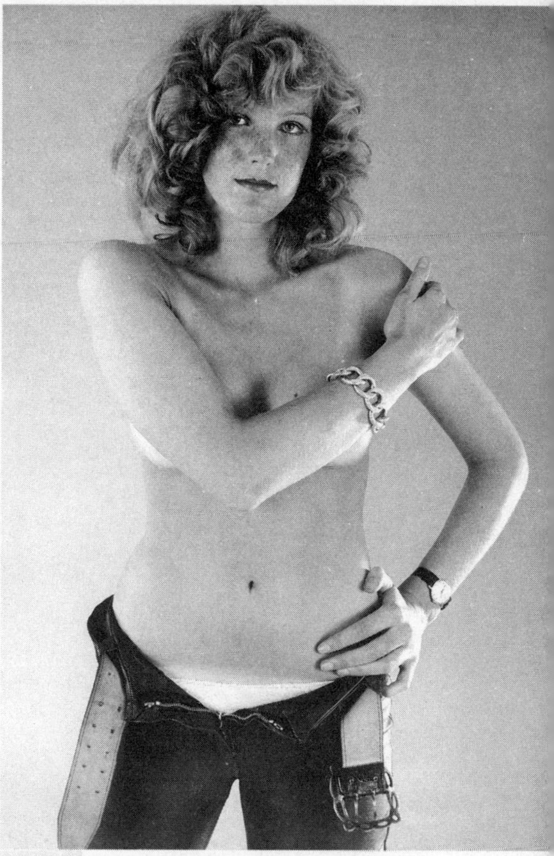

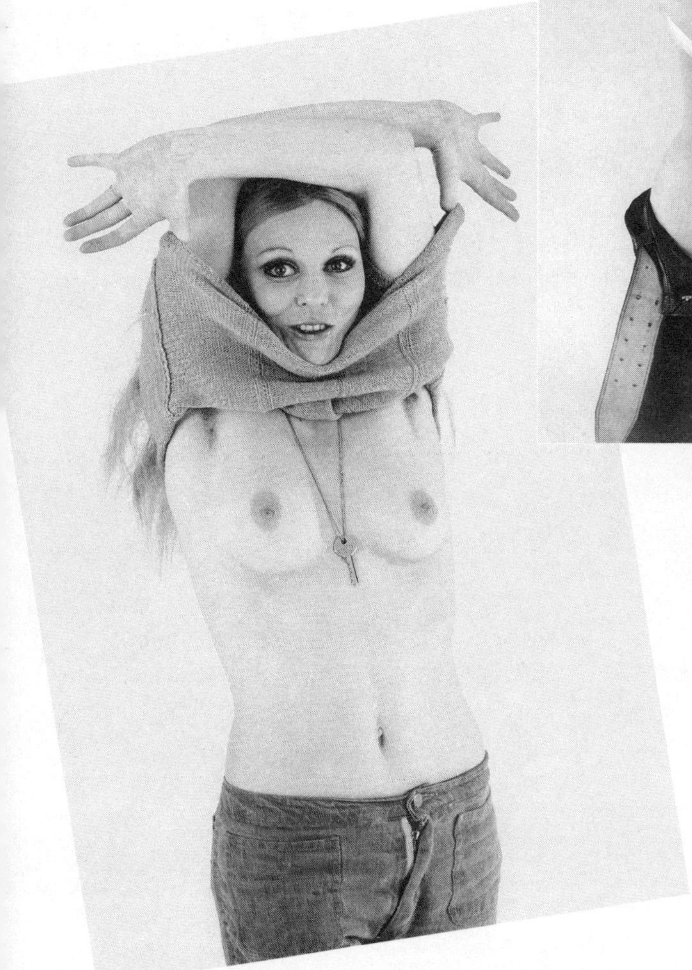

Doch es waren kaum mehr als Spiegelungen verdrängter Wünsche auf andere und anderes.

Die Bilder spiegelten auch
den Hippie-Traum:
Make love – not war.
»Make love« – aber bitte
mannstoll.

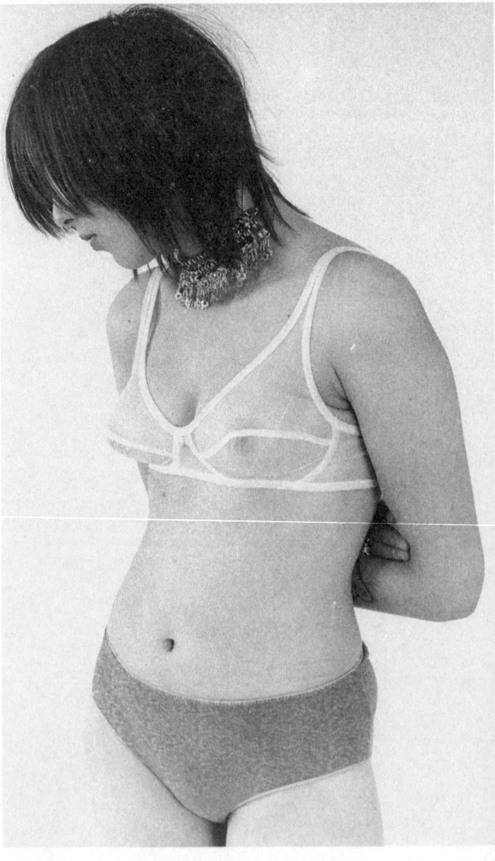

»Not war« – höchstens gegen
Frauen, die den Spaß
verderben wollten.

Mit der »sexuellen Freiheit« wurden in den Siebzigern die größten Umsatzsteigerungen erzielt.

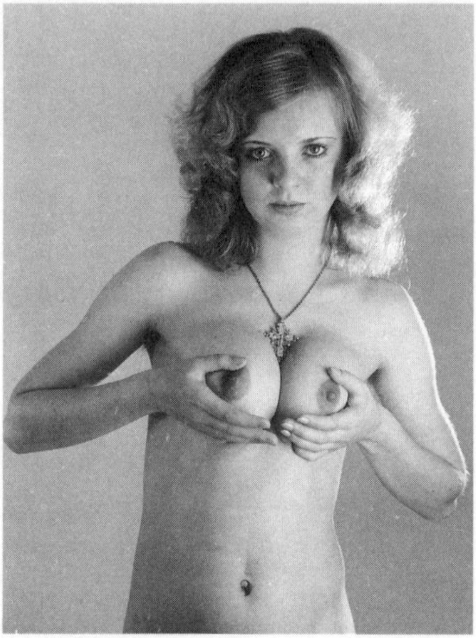

Längst hatte Nacktheit nichts mehr mit »Intimität in die Öffentlichkeit tragen« zu tun.

Die »Freigabe der Pornographie« 1974 ordnete lediglich den Markt neu.

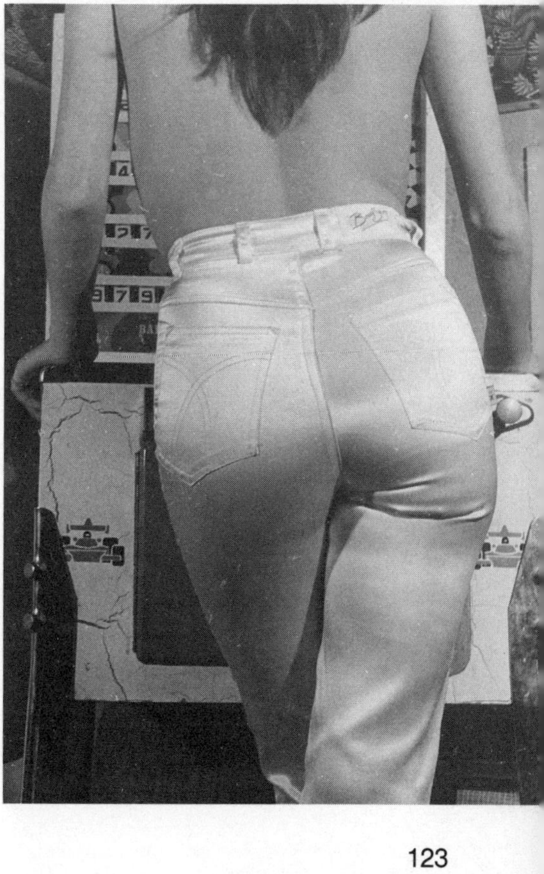

Ungläubige Profi-Journalisten besuchten die Laienredaktion der SPN.

Zwischen Aktbildern schrieben Henryk M. Broder, Karl Dall und Stefan Aust.

Die aufregendste Nachricht des Jahres an alle Männer:

Dies ist der biologische Sex-Lockstoff mit dem Sie Frauen an sich ziehen wie ein Magnet.

Die Substanz **PHEROMON** ist der wirkungsvollste Bestandteil des Sexual-Lockstoffs **»Super-Gail«**. – In mehrjährigen Reihentesten durch die **Pheromon-Forschungsgruppe am Institut für Angewandte Biochemie bei Osnabrück** kam man mit Hilfe der **Pheromone** einer

Sensation ohnegleichen

auf die Spur. **Pheromon** (menschlicher Sexual-Lockstoff u. Bestandteil eines Drüsensekrets) erwies sich als ein hochbrisanter Forschungsstoff, der alle bisherigen Thesen über bewußte und unbewußte menschliche Kontakt-Willigkeit und Sexual-Bereitschaft auf den Kopf stellte.
Es erwies sich im Laufe der Experimente, daß Pheromon direkt aber unterschwellig auf die weibliche Psyche – und auf Frauen sexuell stark anregend wirkt.

Sobald eine Frau die Pheromon-Duftstoffe aufgenommen hat, zeigt sich die unglaubliche Wirkung: Triebverlangen und Begattungs-Sehnsucht brechen voll durch. Hemmungslos wird anerzogene Vernunft außer acht gelassen…

Die Firma Beate Uhse, die naturgemäß sehr an den Resultaten der Pheromon-Forschung interessiert war, entwickelte in der Folge ein Gesichtswasser **für Männer**, das – einfach in der Anwendung und duftsympathisch – als Sex-Lockstoff **»Super-Gail«** getestet wurde.

Heute treten wir damit an die Öffentlichkeit.

Und was wir Ihnen hier garantieren, klingt ebenso unfaßbar wie sensationell. Aber es ist wissenschaftlich 100%ig erhärtet:

Wenn Sie nur einen Tropfen »Super-Gail« auf Ihre Haut tun

- wird jede Frau – wie unter Zwang – Ihre Nähe suchen.
- wird jede Frau unbewußt von Ihnen angelockt werden und sofort den Kontakt mit Ihnen aufnehmen wollen.
- werden selbst kühle und schüchterne Frauen ihre Hemmungen und ihren Stolz verlieren und Ihnen ergeben und fügsam sein und sich Ihrem männlichen Willen zur Verfügung stellen.
- Durch den nicht wahrnehmbaren Duft, den Sie ausstrahlen, kommen Sie sofort und gezielt bei der Frau an, bei der Sie es wünschen.
- Sie benötigen weder das Aussehen eines Adonis, noch eine dicke Brieftasche – allein Ihre **Pheromon-Ausstrahlung** steigert bei der Frau, die in Ihre Nähe kommt, heftig das Triebverlangen und die Beischlaf-Bereitschaft.

Testen Sie »Super-Gail«. Wir garantieren Ihren Erfolg bei Frauen.

bitte wenden

Groschenpornographie überschwemmte die Bundesrepublik.

In den meisten »Sex-Stories« wurde mit Vorliebe vergewaltigt, erniedrigt und gefoltert.

Das war kein Minderheiten-Programm – sondern Alltag.

Die Republik war im sexuellen Notstand.

Für Scheichs die neuesten Weiber täglich – das macht nur LECKERMANN noch möglich

Preis: DM 3000,– frei Haus

Patricia, ein schaumgebremstes, ajaxgereinigtes [illegible] stammt einem verarmten Adelsgeschlecht (gotha-geprüft) und weiß, was Scheiche wünschen. Sie gilt als leichte Blonde und schmeckt besonders vor dem Essen. Patricia liegt nicht schwer im Magen und ist deshalb der geborene Appetitanreger! Patricia kann auch jederzeit mit dem Mercedes-Stern auf dem Bauch geliefert werden!

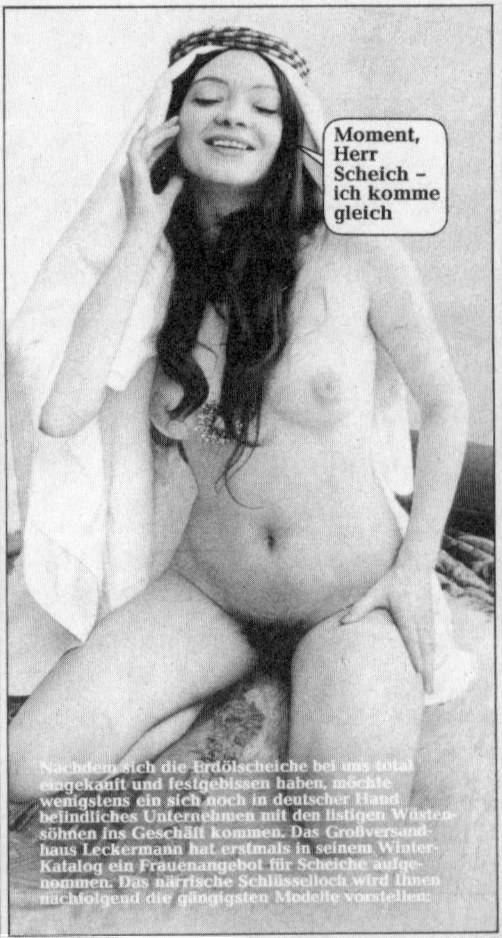

Nachdem sich die Erdölscheiche bei uns total eingekauft und festgebissen haben, möchte wenigstens ein sich noch in deutscher Hand befindliches Unternehmen mit den listigen Wüstensöhnen ins Geschäft kommen. Das Großversandhaus Leckermann hat erstmals in seinem Winter-Katalog ein Frauenangebot für Scheiche aufgenommen. Das närrische Schlüsselloch wird Ihnen nachfolgend die gängigsten Modelle vorstellen:

Im Gesundheitsblättchen aus dem Reformhaus stand, daß es sehr gesund sei, viel zu laufen. Prosty LaNutte las den Artikel und begann, mehr und mehr auf der Straße auf und ab zu gehen, aber je mehr sie herumlief, desto öfter mußte sie sich hinlegen.

Model Irene

Bestell-Nr. 3/1415

Ein Monats-Mädchen in den Größen 160 cm bis 180 cm
Farben: rot, blond, braun

Preis: DM 2800,–
(inkl. Oberschenkelkraftverstärker)

Irene ist ein sehr griffiges Allzweck-Mädchen, das nach Gebrauch verschenkt oder weggeworfen werden kann. Modell Irene ist zwar nicht so strapazierfähig wie Modell Patricia, ist aber als Übungsobjekt für Jungscheiche aus der Leckermann-Kollektion nicht mehr wegzudenken. Irene ist nicht hitzeempfindlich und kann daher zu jedem Bohrloch mitgeführt werden. Modell Irene gibt es in der schmucken Dreierpackung.

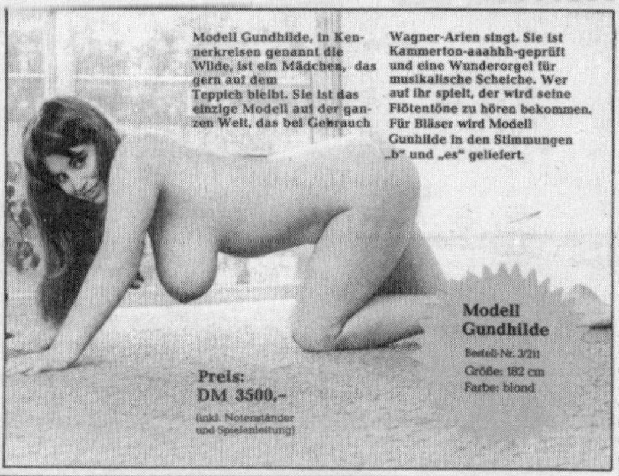

Modell Gundhilde, in Kennerkreisen genannt die Wilde, ist ein Mädchen, das gern auf dem Teppich bleibt. Sie ist das einzige Modell auf der ganzen Welt, das bei Gebrauch Wagner-Arien singt. Sie ist Kammerton-aaahhh-geprüft und eine Wunderorgel für musikalische Scheiche. Wer auf ihr spielt, der wird seine Flötentöne zu hören bekommen. Für Bläser wird Modell Gunhilde in den Stimmungen „b" und „es" geliefert.

Modell Gundhilde

Bestell-Nr. 3/211

Größe: 182 cm
Farbe: blond

Preis: DM 3500,–
(inkl. Notenständer und Spielanleitung)

Modell Sheila

Bestell-Nr. 4/2411

Größe 165 cm
Farbe: Nur in schwarz lieferbar

Preis: DM 3220,–
(inkl. Modeschmuck)

Modell Sheila ist äußerst trieb- und reißfest. Sie ist eine reine Importqualität, die zu 50 Prozent aus Wolle und zu 50 Prozent aus Lust besteht. Modell Sheila ist sehr elastisch und paßt sich jeder Körperform an. Sie ist londongefühlsecht geprüft und speziell für den arabischen Markt gezüchtet. Modell Sheila wird mit Freibankstempel und Echtheitsbrief geliefert. Auf ihre Knautschfestigkeit wird ein Jahr Garantie gewährt.

Modell Tusnelda

Bestell-Nr. 3/718

Größe: beinahe so breit als hoch
Farbe: an entscheidenden Stellen schwarz

Preis: DM 5550,–

Modell Tusnelda ist ein türkisches Import-Erzeugnis und der Stolz jeden Harems. Sie ist Vorspeise, Hauptgang und Dessert zugleich und wird von Scheichen förmlich aufgefressen. Modell Tusnelda kann jederzeit als Milchmädchen für Vierlinge eingesetzt werden (es ist für jeden genügend da). Tusnelda wird in ihrer Ausstattung mit BH Marke „Zirkuszelt" in der Größe „Viermast" geliefert. Sie ist nicht billig, weil sie zu großzügig im Verbrauch ist – sie verbraucht mehrere Scheiche pro Abend. Auf Grund ihrer Vorzüge ist die überhöhte Milchmädchenrechnung aber gerechtfertigt.

Extras wie: Gesäßkraftverstärker, Stoßdämpfer und Oberschenkelbremsen werden gesondert in Rechnung gestellt. Modell Tusnelda kann jederzeit als Luxusausführung mit dem berühmten Mercedes-Stern oder dem etwas störenden Rolls-Royce-Adler auf dem Bauch geliefert werden.

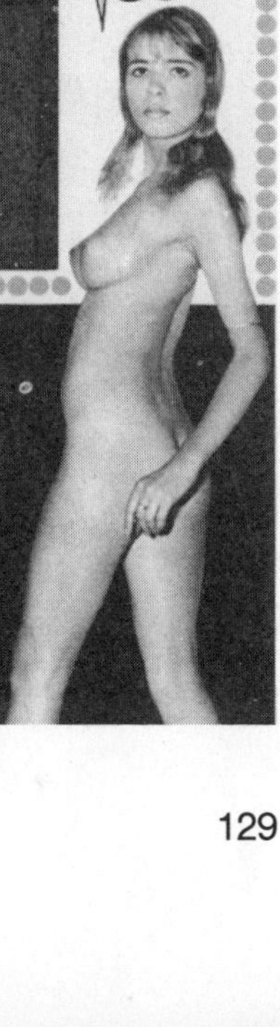

Det Weib is nich nur scheen von vorn – ooch Kimmen nimmt man jern uffs Korn!

Pech ist, wenn ein Mann dem Hotelportier 20 Mark zuschiebt, damit er ihm ein williges Mäuschen nach oben schickt, und dann erscheint die eigene Tochter auf der Bildfläche.

Der Pessimist denkt, alle Frauen sind verdorben. Der Optimist erhofft es.

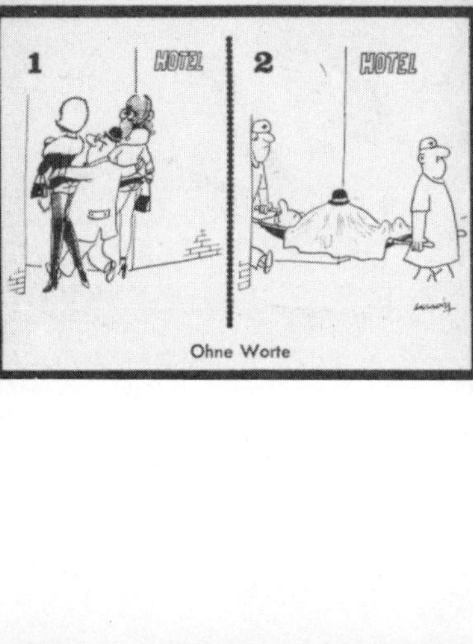

Ohne Worte

Ein Mann ging spätabends in der Großstadt auf die Straße, um seine Katze heimzurufen. Er lockte: „Pussy, Pussy, Mieze, komm, ja wann kommst du denn endlich, mein süßes Kätzchen!" Das Mädchen, das im Nebeneingang lümmelte, wies ihn zurück: „Nicht so laut, du Dummkopf, wir müssen doch warten, bis deine Alte schläft."

Das Versandhaus Beate Uhse boomte mit Bildgeschichten . . .

. . . und sponserte das »Love-and-Peace«-Festival auf Fehmarn, dem nur zu deutschen Woodstock.

Die keineswegs so frei gewesenen Freifrauen des Mittelalters, denen nur veraltete Mittel zur Verfügung standen, wären garantiert von ihren selbstgestrickten Socken, wenn sie schon könnten, wie ihr Keuschheitsgürtel sich im Laufe der Jahre gewandelt hat. Obwohl vorn und hinten offen wie manche Landes-F.D.P., wird jeder Sexual-Aggressor von diesem Anblick garantiert derart geschockt, daß ihm seine geballte Ladung glatt im Rohr steckenbleibt.

1970 berichtete der Bestseller »Sexfront« keineswegs vom Krieg der Geschlechter.

Hier nun die gleiche Gefechtslage von hinten. Der vordergründige Eindruck, die rückwärtigen Linien könnten einem popotentiellen Angreifer schutzlos preisgegeben sein, täuscht. Sind auch die beiden sich auf den Handfeuerwaffen befindlichen Kimmen nach vorn gerichtet, so sind die im Blickfeld liegenden Kimmen durchaus geeignet, den Gegner so zu verunsichern, daß er, total frustriert, auf jegliches Erfolgserlebnis freiwillig verzichten und schleunigst einen Rückzieher machen würde.

Die Rolle der Frau in
den Siebzigern hatte nichts
mit »Aufklärung« und
»sexueller Revolution« zu
tun . . .

. . . – schon gar nicht mit Würde.

Matador

Diese Position schenkt beiden Partnern große Befriedigung. Der Mann kann tief eindringen und jede beliebige Bewegung ausführen. Da sein Gewicht die Frau nicht behindert, kann sie ebenfalls aktiv sein.

Diagonalschere

Wegen des großen Bewegungsspielraums ist diese Stellung für den Mann sehr günstig, für die Frau jedoch auf die Dauer etwas anstrengend. Trotzdem übt sie auf beide einen gleich großen Reiz aus.

Die Frauenbewegung der
Siebziger graste ganze
Gartenlandschaften . . .

. . . nach Bildern für weibliche Körperteile ab. Frau und Natur, Brust und Kürbis wurden gleichgesetzt.

Frauengruppen versprühten
auf Flugblättern die
Sinnlichkeit
von Kaffeeautomaten mit
Wackelkontakt.

Sie planten Sex – irgendwo zwischen Einkaufs- und Lustzentrum.

Das Pendant zum »Soft Sex« war der »Softie«.

Verschreckt reagierten wir auf die ersten »Frauengruppen«, verstört diskutierten wir erstmals ganze Nächte lang.

Wir waren »betroffen«.

Daß wir uns ändern sollten,
begriffen manche bis heute
nicht.

Selbst manche Frauen nicht.

Sekten mit ihrer
scheinphilosophischen
»Umerziehung« zum »neuen«
(sexuellen) Menschen . . .

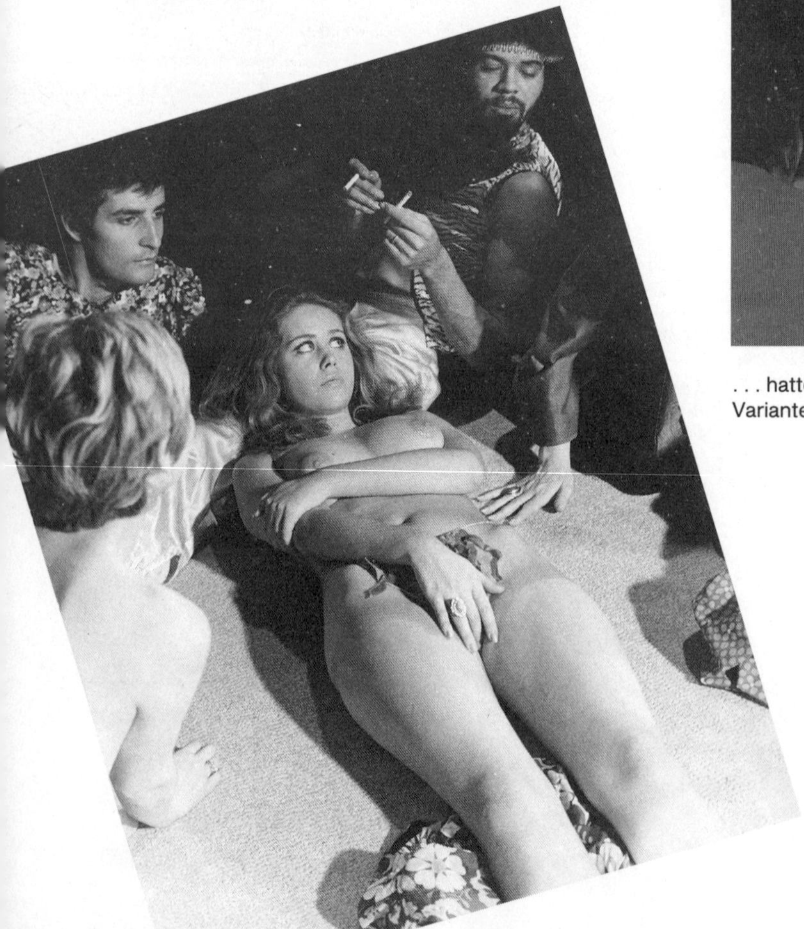

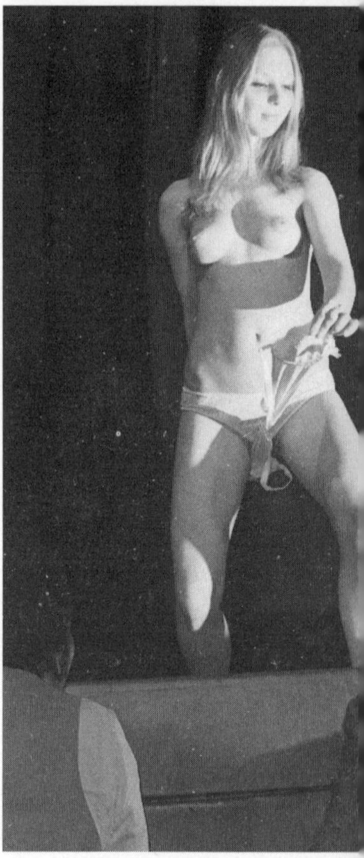

. . . hatten noch eine populäre
Variante:

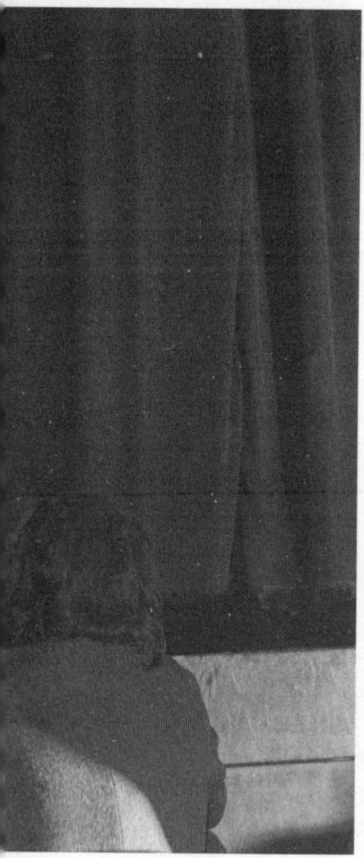

Die mythisch in
Sex-Sklavinnen-
Filmen verbrämte
»therapeutische« Behandlung
der Frau durch den
»erziehenden« Mann.

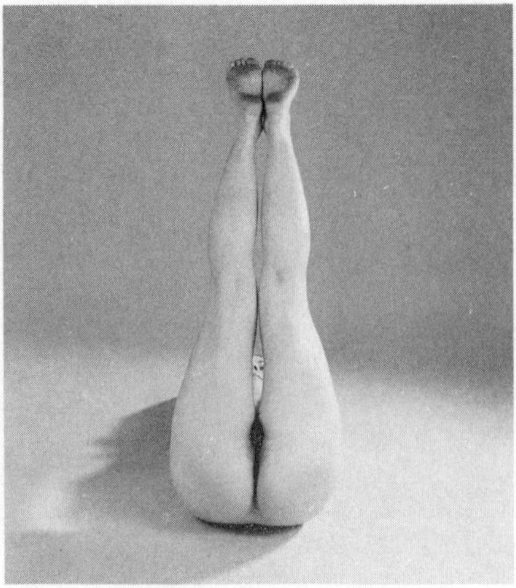

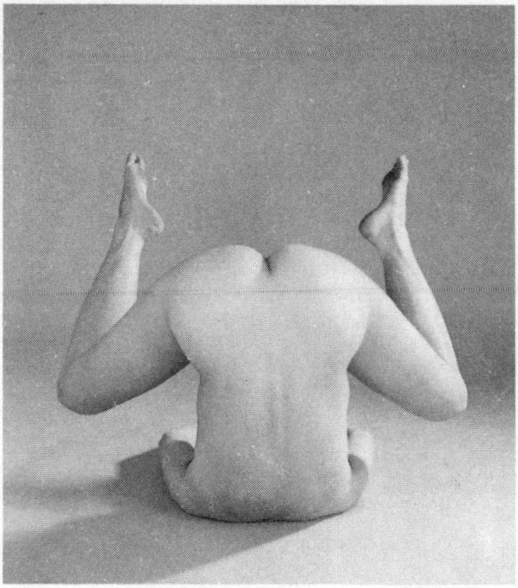

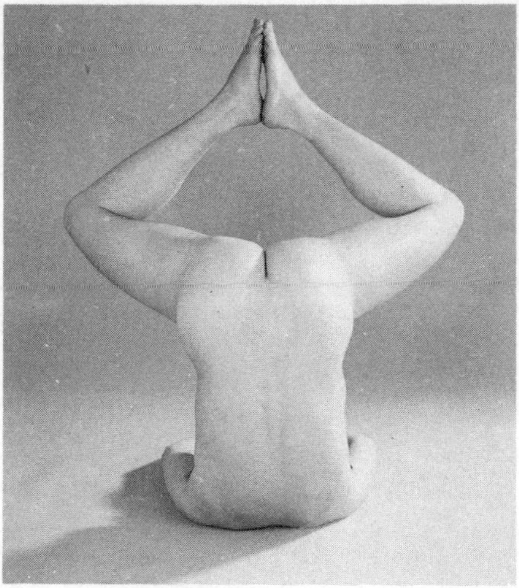

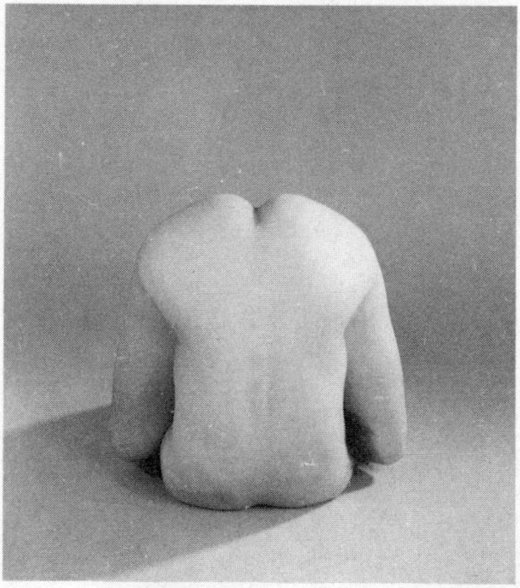

Bhagwan lehrte als ein
Ludwig Erhard der
Lebensenergie-
Wirtschaft die verlotterte
Jugend das Angepaßtsein:
ganz entspannt im Hier und
Jetzt.

Die Siebziger waren keineswegs das Jahrzehnt der sexuellen Befreiung.

Es war im Gegenteil
das Jahrzehnt der versuchten
Versklavung der Frauen.

Nacktheit versprach Kasse.
Da verkaufte sich jegliche
Befreiungsideologie.

Auch wenn »Freiheit« ein angstbesetztes Reizwort war wie »Demokratie«. Noch hatte die Werbung den Begriff nicht umgedeutet für ihre Produkte.

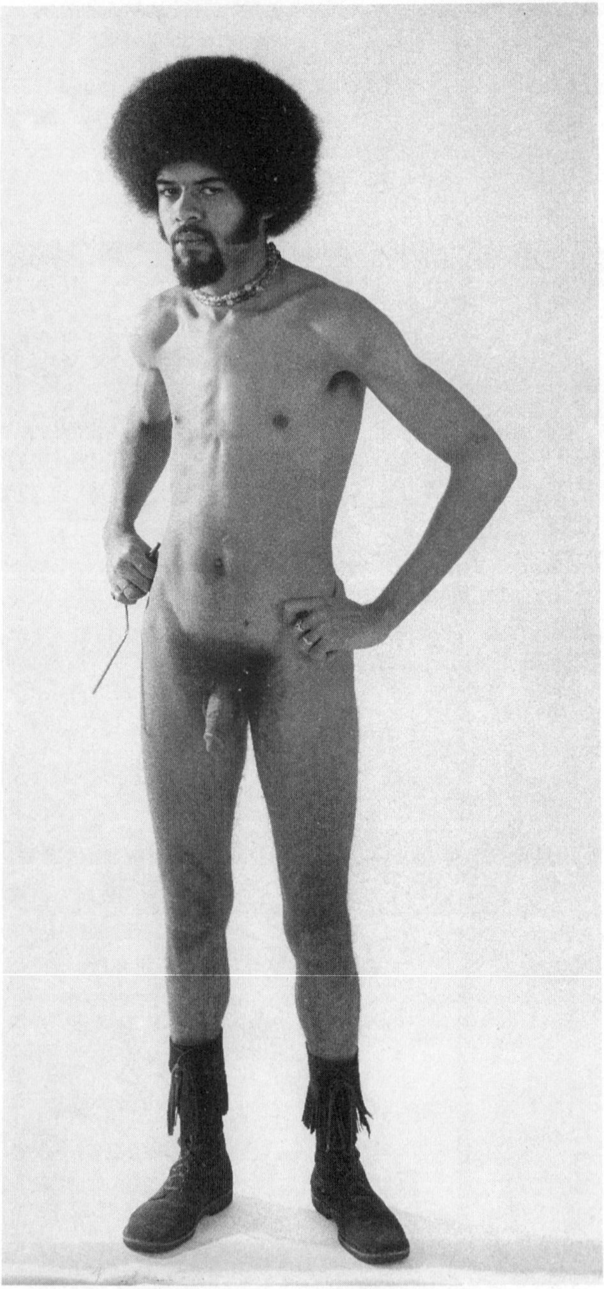

Kaum ein Jahrzehnt war so weit der Wirklichkeit entrückt wie die Siebziger.

Es zehrte gierig von krausen Phantasien und Pop.

Es war das Jahrzehnt der Macher – in dem Sex auch nur gemacht wurde: *Make* love!

KING CURTIS SWEET SOUL
Joe Tex
Joe Tex Soul Country
Joe Tex Live and Lively
DOLCE VITA

»Make love – not war«:
Es war ein schöner Traum

Und ausgerechnet die paar bunten Hippie-Vögeleien, die in der Boulevard-Presse kolportiert wurden

drückten den Siebzigern einen Stempel auf, der Nummern zu groß war.

Jeder denkt an Nierentische, Wirtschaftswunder und Biederkeit beim Stichwort 50er Jahre. Und an Prüderie. Doch war dieses Jahrzehnt wirklich so »sex-los«, wie es im Rückblick den Anschein hat? Der Journalist Rainer Jogschies hat Fotomaterial aus den Hinterzimmern der deutschen Seele zutage gefördert: Fotos, die eine andere Geschichte der heute so gern verkitschten Fifties in Deutschland erzählen.

ISBN 3 548 34657 X 14,80

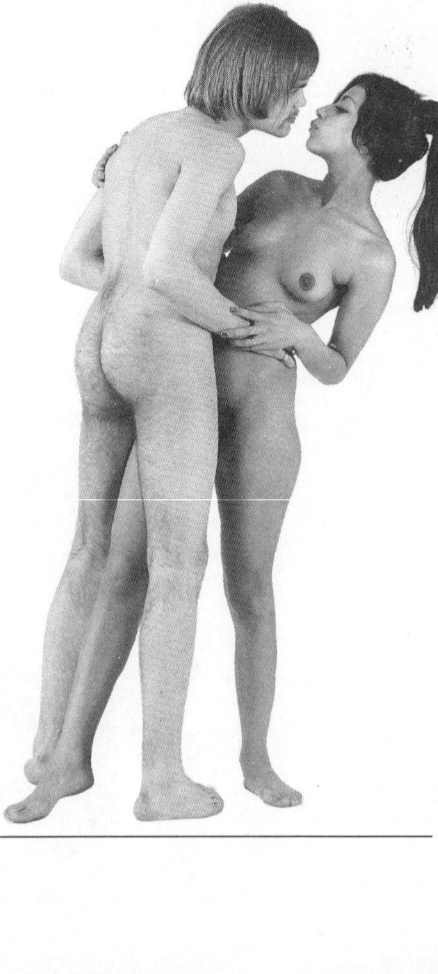

Zum Establishment wollte keiner gehören in den 60ern. Deshalb gab man sich entkrampft und »pennte« mit möglichst vielen. Kolle-Filme und Kommunen waren ein Muß. Doch lauerten nicht schon neue Zwänge im großen Aufbruch? Die intimen Fotos der Sixties sprechen für sich.

ISBN 3 548 34828 9 19,80